CHECHENO

V O C A B U L Á R I O

PORTUGUÊS BRASILEIRO

PORTUGUÊS
CHECHENO

Para alargar o seu léxico e apurar
as suas competências linguísticas

5000 palavras

Vocabulário Português Brasileiro-Checheno - 5000 palavras

Por Andrey Taranov

Os vocabulários da T&P Books destinam-se a ajudar a aprender, a memorizar, e a rever palavras estrangeiras. O dicionário é dividido em temas, cobrindo todas as principais esferas de atividades quotidianas, negócios, ciência, cultura, etc.

O processo de aprendizagem, utilizando os dicionários baseados em temáticas da T&P Books dá-lhe as seguintes vantagens:

- Informação de origem corretamente agrupada predetermina o sucesso em fases subsequentes da memorização de palavras
- Disponibilização de palavras derivadas da mesma raiz, o que permite a memorização de unidades de texto (em vez de palavras separadas)
- Pequenas unidades de palavras facilitam o processo de estabelecimento de vínculos associativos necessários para a consolidação do vocabulário
- O nível de conhecimento da língua pode ser estimado pelo número de palavras aprendidas

T&P Books Publishing
www.tpbooks.com

ISBN: 978-1-78767-397-7

Este livro também está disponível em formato E-book.
Por favor visite www.tpbooks.com ou as principais livrarias on-line.

VOCABULÁRIO CHECHENO
palavras mais úteis

Os vocabulários da T&P Books destinam-se a ajudar a aprender, a memorizar, e a rever palavras estrangeiras. O vocabulário contém mais de 5000 palavras de uso comum organizadas tematicamente.

O vocabulário contém as palavras mais comummente usadas

Recomendado como adicional para qualquer curso de línguas

Satisfaz as necessidades dos iniciados e dos alunos avançados de línguas estrangeiras

Conveniente para o uso diário, sessões de revisão e atividades de auto-teste

Permite avaliar o seu vocabulário

Características especias do vocabulário

- As palavras estão organizadas de acordo com o seu significado, e não por ordem alfabética
- As palavras são apresentadas em três colunas para facilitar os processos de revisão e auto-teste
- As palavras compostas são divididas em pequenos blocos para facilitar o processo de aprendizagem
- O vocabulário oferece uma transcrição simples e adequada de cada palavra estrangeira

O vocabulário contém 155 tópicos incluindo:

Conceitos básicos, Números, Cores, Meses, Estações do ano, Unidades de medida, Roupas & Acessórios, Alimentos & Nutrição, Restaurante, Membros da Família, Parentes, Caráter, Sentimentos, Emoções, Doenças, Cidade, Passeios, Compras, Dinheiro, Casa, Lar, Escritório, Trabalho no Escritório, Importação & Exportação, Marketing, Pesquisa de Emprego, Esportes, Educação, Computador, Internet, Ferramentas, Natureza, Países, Nacionalidades e muito mais ...

TABELA DE CONTEÚDOS

GUIA DE PRONUNCIAÇÃO

Letra	Exemplo Checheno	Alfabeto fonético T&P	Exemplo Português
А а	самадала	[ɑ:]	rapaz
Аь аь	аьртадала	[æ:], [æ]	primavera
Б б	биллиард	[b]	barril
В в	ловзо кехат	[v]	fava
Г г	горгал	[g]	gosto
ГӀ гӀ	жиргӀа	[ɣ]	agora
Д д	дӀаала	[d]	dentista
Е е	кевнахо	[e], [ɛ]	mover
Ё ё	боксёр	[jɔ:], [з:]	ioga
Ж ж	мужалтах	[ʒ]	talvez
З з	ловза	[z]	sésamo
И и	сирла	[ı], [i]	sinônimo
Й й	лийча	[j]	Vietnã
К к	секунд	[k]	aquilo
Кх кх	кхиорхо	[q]	teckel
Къ къ	юккъе	[q]	[q] tensionada
КӀ кӀ	кӀайн	[k]	[k] tensionada
Л л	лаьстиг	[l]	libra
М м	Марша Ӏайла	[m]	magnólia
Н н	Хьанна?	[n]	natureza
О о	модельхо	[o], [ɔ]	noite
Оь оь	пхоьлгӀа	[ø]	orgulhoso
П п	пхийтта	[p]	presente
ПӀ пӀ	пӀераска	[p]	[p] tensionada
Р р	борзанан	[r]	riscar
С с	сандалеш	[s]	sanita
Т т	туьйдарг	[t]	tulipa
ТӀ тӀ	тӀормиг	[t]	[t] tensionada
У у	тукар	[u:]	blusa
Уь уь	уьш	[y]	questionar
Ф ф	футбол	[f]	safári
Х х	хьехархо	[h]	[h] suave
Хь хь	дагахь	[h], [x]	[h] suave
ХӀ хӀ	хӀордахо	[h]	[h] aspirada
Ц ц	мацахлера	[ts]	tsé-tsé
ЦӀ цӀ	цӀубдар	[ts]	tsé-tsé
Ч ч	лечкъо	[ʧ]	Tchau!
ЧӀ чӀ	чӀорла	[ʨ]	[tch] tensionado
Ш ш	шахматаш	[ʃ]	mês
Щ щ	цергийг щётка	[ɕ]	shiatsu
ъ	къонза	[ˮ]	sinal forte

Letra	Exemplo Checheno	Alfabeto fonético T&P	Exemplo Português
ы	лыжаш хехка	[ı]	sinônimo
ь	доьзал	[ʲ]	sinal suave
Э э	эшар	[e]	metal
Ю ю	юхадала	[y]	questionar
Юь юь	юьхьенца	[ju], [ju:]	nacional
Я я	цӀанъян	[jɑ]	Himalaias
Яь яь	яьшка	[jæ]	folheto
Ӏ Ӏ	Ӏамо	[ə]	milagre

ABREVIATURAS
usadas no vocabulário

Abreviaturas do Português

adj	-	adjetivo
adv	-	advérbio
anim.	-	animado
conj.	-	conjunção
desp.	-	esporte
etc.	-	Etcetera
ex.	-	por exemplo
f	-	nome feminino
f pl	-	feminino plural
fem.	-	feminino
inanim.	-	inanimado
m	-	nome masculino
m pl	-	masculino plural
m, f	-	masculino, feminino
masc.	-	masculino
mat.	-	matemática
mil.	-	militar
pl	-	plural
prep.	-	preposição
pron.	-	pronome
sb.	-	sobre
sing.	-	singular
v aux	-	verbo auxiliar
vi	-	verbo intransitivo
vi, vt	-	verbo intransitivo, transitivo
vr	-	verbo reflexivo
vt	-	verbo transitivo

CONCEITOS BÁSICOS

Conceitos básicos. Parte 1

1. Pronomes

eu	со	[sɔ]
você	хьо	[hɔ]
ele, ela	иза	[ɪz]
nós	вай	[vɑj]
vocês	шу	[ʃu]
eles, elas	уьш	[ʉʃ]

2. Cumprimentos. Saudações. Despedidas

Oi!	Маршалла ду хьоьга!	[marʃall du høg]
Olá!	Маршалла ду шуьга!	[marʃall du ʃʉg]
Bom dia!	Іуьйре дика хуьлда!	['ujre dɪk hʉld]
Boa tarde!	Де дика хуьлда!	[de dɪk hʉld]
Boa noite!	Суьйре дика хуьлда!	[sujre dɪk hʉld]
cumprimentar (vt)	салам дала	[salam dal]
Oi!	Маршалла ду хьоьга!	[marʃall du høg]
saudação (f)	маршалла, маршалла хаттар	[marʃall], [marʃall hattar]
saudar (vt)	маршалла хатта	[marʃall hatt]
Tudo bem?	Муха ду гӏуллакхш?	[muha du ɣullaqʃ]
E aí, novidades?	Хӏун ду керла?	[h'un du kerl]
Tchau! Até logo!	Марша Іайла!	[marʃ 'ajl]
Até breve!	Іодика хуьлд!	['ɔdɪk hʉljd]
Adeus! (sing.)	Іодика йойла хьа!	['ɔdɪk jojl ha]
Adeus! (pl)	Іодика йойла шунна!	['ɔdɪk jojl ʃunn]
despedir-se (dizer adeus)	Іодика ян	['ɔdɪk jan]
Até mais!	Іодика йойла!	['ɔdɪk jojl]
Obrigado! -a!	Баркалла!	[barkall]
Muito obrigado! -a!	Доаккха баркалла!	[dɔakq barkall]
De nada	Хӏума дац!	[h'um daʦ]
Não tem de quê	Хӏума дац!	[h'um daʦ]
Não foi nada!	Хӏума дац!	[h'um daʦ]
Desculpa!	Бехк ма билл!	[behk ma bɪll]
Desculpe!	Бехк ма биллалаш!	[behk ma bɪllalaʃ]
desculpar (vt)	бехк ца билла	[behk ʦa bɪll]
desculpar-se (vr)	бехк цабиллар деха	[behk ʦabɪllar deh]

Me desculpe	Суна бехк ма биллалаш!	[sun behk m bɪllalaʃ]
Desculpe!	Бехк ма биллаш!	[behk ma bɪllaʃ]
perdoar (vt)	бехк цабиллар	[behk tsabɪllar]
Não se esqueça!	Диц ма ло!	[dɪts ma lɔ]
Com certeza!	Дера!	[der]
Claro que não!	Дера дац!	[der dats]
Está bem! De acordo!	Реза ву!	[rez vu]
Chega!	Тоьур ду!	[tøur du]

3. Como se dirigir a alguém

senhor	Эла	[ɛl]
senhora	Сту	[stu]
senhorita	Йоl	[joʕ]
jovem	Жима стаг	[ʒɪm stag]
menino	Кlант	[k'ant]
menina	Жима йоl	[ʒɪm joʕ]

4. Números cardinais. Parte 1

zero	ноль	[nɔlj]
um	цхьаъ	[tshaʔ]
dois	шиъ	[ʃɪʔ]
três	кхоъ	[qɔʔ]
quatro	диъ	[dɪʔ]
cinco	пхиъ	[phɪʔ]
seis	ялх	[jalh]
sete	ворхl	[vɔrh']
oito	бархl	[barh']
nove	исс	[ɪss]
dez	итт	[ɪtt]
onze	цхьайтта	[tshajtt]
doze	шийтта	[ʃɪːtt]
treze	кхойтта	[qɔjtt]
catorze	дейтта	[dejtt]
quinze	пхийтта	[phɪːtt]
dezesseis	ялхитта	[jalhɪtt]
dezessete	вуьрхlитта	[vurh'ɪtt]
dezoito	берхlитта	[berh'ɪtt]
dezenove	ткъесна	[tqʔesn]
vinte	ткъа	[tqʔa]
vinte e um	ткъе цхьаъ	[tqʔe tshaʔ]
vinte e dois	ткъе шиъ	[tqʔe ʃɪ]
vinte e três	ткъе кхоъ	[tqʔe qɔ]
trinta	ткъе итт	[tqʔe ɪtt]
trinta e um	ткхе цхьайтта	[tqe tshajtt]

trinta e dois	ткъе шийтта	[tq?e ʃɪːtt]
trinta e três	ткъе кхойтта	[tq?e qɔjtt]
quarenta	шовзткъа	[ʃɔvztq?]
quarenta e um	шовзткъе цхьаъ	[ʃɔvztq?e ʦhɑ?]
quarenta e dois	шовзткъе шиъ	[ʃɔvztq?e ʃɪ]
quarenta e três	шовзткъе кхоъ	[ʃɔvztq?e qɔ]
cinquenta	шовзткъе итт	[ʃɔvztq?e ɪtt]
cinquenta e um	шовзткъе цхьайтта	[ʃɔvztq?e ʦhajtt]
cinquenta e dois	шовзткъе шийтта	[ʃɔvztq?e ʃɪːtt]
cinquenta e três	шовзткъе кхойтта	[ʃɔvztq?e qɔjtt]
sessenta	кхузткъа	[quztq?]
sessenta e um	кхузткъе цхьаъ	[quztq?e ʦhɑ?]
sessenta e dois	кхузткъе шиъ	[quztq?e ʃɪ?]
sessenta e três	кхузткъе кхоъ	[quztq?e qɔ?]
setenta	кхузткъа итт	[quztq? ɪtt]
setenta e um	кхузткъе цхьайтта	[quztq?e ʦhajtt]
setenta e dois	кхузткъе шийтта	[quztq?e ʃɪːtt]
setenta e três	кхузткъе кхойтта	[quztq?e qɔjtt]
oitenta	дезткъа	[deztq?]
oitenta e um	дезткъе цхьаъ	[deztq?e ʦhɑ?]
oitenta e dois	дезткъе шиъ	[deztq?e ʃɪ]
oitenta e três	дезткъе кхоъ	[deztq?e qɔ]
noventa	дезткъа итт	[deztq? ɪtt]
noventa e um	дезткъе цхьайтта	[deztq?e ʦhajtt]
noventa e dois	дезткъе шийтта	[deztq?e ʃɪːtt]
noventa e três	дезткъе кхойтта	[deztq?e qɔjtt]

5. Números cardinais. Parte 2

cem	бле	[b'e]
duzentos	ши бле	[ʃɪ b'e]
trezentos	кхо бле	[qɔ b'e]
quatrocentos	диъ бле	[dɪ? b'e]
quinhentos	пхи бле	[phɪ b'e]
seiscentos	ялх бле	[jalh b'e]
setecentos	ворхI бле	[vɔrh' b'e]
oitocentos	бархI бле	[barh' b'e]
novecentos	исс бле	[ɪss b'e]
mil	эзар	[ɛzɑr]
dois mil	ши эзар	[ʃɪ ɛzɑr]
três mil	кхо эзар	[qɔ ɛzɑr]
dez mil	итт эзар	[ɪtt ɛzɑr]
cem mil	бле эзар	[b'e 'ɛzɑr]
um milhão	миллион	[mɪllɪɔn]
um bilhão	миллиард	[mɪllɪɑrd]

6. Números ordinais

primeiro (adj)	хьалхара	[halhar]
segundo (adj)	шолгӀа	[ʃolɣ]
terceiro (adj)	кхоалгӀа	[qoalɣ]
quarto (adj)	доьалгӀа	[dø'alɣ]
quinto (adj)	пхоьлгӀа	[phølɣ]

sexto (adj)	йолхалгӀа	[jolhalɣ]
sétimo (adj)	ворхӀалгӀа	[vɔrh'alɣ]
oitavo (adj)	бархӀалгӀа	[barh'alɣ]
nono (adj)	уьссалгӀа	[ʉssalɣ]
décimo (adj)	итталгӀа	[ɪttalɣ]

7. Números. Frações

fração (f)	дакъалла	[daqʔall]
um meio	шоалгӀачун цхьаъ	[ʃoalɣatʃun tshaʔ]
um terço	кхоалгӀачун цхьаъ	[qoalɣatʃun tshaʔ]
um quarto	доьалгӀачун цхьаъ	[dø'alɣatʃun tshaʔ]

um oitavo	бархӀалгӀачун цхьаъ	[barh'alɣtʃun tshaʔ]
um décimo	итталгӀачун цхьаъ	[ɪttalɣatʃun tshaʔ]
dois terços	кхоалгӀачун шиъ	[qoalɣatʃun ʃɪʔ]
três quartos	доьалгӀачун кхоъ	[dø'alɣatʃun qɔʔ]

8. Números. Operações básicas

subtração (f)	тӀерадаккхар	[t'eradakqar]
subtrair (vi, vt)	тӀерадаккха	[t'eradakq]
divisão (f)	декъар	[deqʔar]
dividir (vt)	декъа	[deqʔ]

adição (f)	вовшахтохар	[vɔvʃahtɔhar]
somar (vt)	вовшахтоха	[vɔvʃahtɔh]
adicionar (vt)	тӀетоха	[t'etɔh]
multiplicação (f)	эцар	[ɛtsar]
multiplicar (vt)	эца	[ɛts]

9. Números. Diversos

algarismo, dígito (m)	цифра	[tsɪfr]
número (m)	терахь	[terah]
numeral (m)	терахьдош	[terahdɔʃ]
menos (m)	минус	[mɪnus]
mais (m)	тӀетоха	[t'etɔh]
fórmula (f)	формула	[fɔrmul]
cálculo (m)	ларар	[larar]
contar (vt)	лара	[lar]

| calcular (vt) | лара | [lar] |
| comparar (vt) | дуста | [dust] |

| Quanto? | Мел? | [mel] |
| Quantos? -as? | Маса? | [mas] |

soma (f)	жамӏ	[ʒam']
resultado (m)	хилам	[hɪlam]
resto (m)	бухадиснарг	[buhadɪsnarg]

alguns, algumas …	масех	[maseh]
pouco (~ tempo)	кӏезиг	[k'ezɪg]
resto (m)	бухадиснарг	[buhadɪsnarg]
um e meio	цхьаъ ах	[tsha? 'ah]
dúzia (f)	цӏов	[ts'ɔv]

ao meio	шин декъе	[ʃɪn deq?e]
em partes iguais	цхьабосса	[tshabɔss]
metade (f)	ах	[ah]
vez (f)	цкъа	[tsq?a]

10. Os verbos mais importantes. Parte 1

abrir (vt)	схьаделла	[shadell]
acabar, terminar (vt)	чекхдаккха	[tʃeqdakq]
aconselhar (vt)	хьехам бан	[heham ban]
adivinhar (vt)	хаа	[ha'a]
advertir (vt)	дӏахьедан	[d'ahedan]

ajudar (vt)	гӏо дан	[ɣɔ dan]
almoçar (vi)	делкъана хӏума яа	[delq?an h'um ja'a]
alugar (~ um apartamento)	лаца	[lats]
amar (pessoa)	деза	[dez]
ameaçar (vt)	кхерам тийса	[qeram tɪːs]

anotar (escrever)	дӏаяздан	[d'ajazdan]
apressar-se (vr)	сихдала	[sɪhdal]
arrepender-se (vr)	дагахьбаллам хила	[dagahballam hɪl]
assinar (vt)	куьг тӏало	[kʉg ta'ɔ]
brincar (vi)	забарш ян	[zabarʃ jan]

brincar, jogar (vi, vt)	ловза	[lɔvz]
buscar (vt)	леха	[leh]
caçar (vi)	талла эха	[tall ɛh]
cair (vi)	охьаэга	[ɔhaəg]
cavar (vt)	ахка	[ahk]
chamar (~ por socorro)	кхайкха	[qajq]

chegar (vi)	дан	[dan]
chorar (vi)	делха	[delh]
começar (vt)	доло	[dɔlɔ]
comparar (vt)	дуста	[dust]
concordar (dizer "sim")	реза хила	[rez hɪl]
confiar (vt)	теша	[teʃ]

confundir (equivocar-se)	тило	[tɪlɔ]
conhecer (vt)	довза	[dɔvz]
contar (fazer contas)	лара	[lar]
contar com …	дагахь хила	[dagah hɪl]
continuar (vt)	дахдан	[dahdan]
controlar (vt)	тӏехьажа	[t'ehaʒ]
convidar (vt)	схьакхайкха	[shaqajq]
correr (vi)	дада	[dad]
criar (vt)	кхолла	[qɔll]
custar (vt)	деха	[deh]

11. Os verbos mais importantes. Parte 2

dar (vt)	дала	[dal]
dar uma dica	къедо	[q?edɔ]
decorar (enfeitar)	хаздан	[hazdan]
defender (vt)	лардан	[lardan]
deixar cair (vt)	охьаэго	[ɔhaəgɔ]
descer (para baixo)	охьадан	[ɔhadan]
desculpar-se (vr)	бехк цабиллар деха	[behk tsabɪllar deh]
dirigir (~ uma empresa)	куьйгаллз дан	[kɥjgallz dan]
discutir (notícias, etc.)	дийцаре дилла	[dɪːtsare dɪll]
disparar, atirar (vi)	кхийса	[qɪːs]
dizer (vt)	ала	[al]
duvidar (vt)	шекьхила	[ʃəkʰhɪl]
encontrar (achar)	каро	[karɔ]
enganar (vt)	lехо	['eho]
entender (vt)	кхета	[qet]
entrar (na sala, etc.)	чудахар	[tʃudahar]
enviar (uma carta)	дӏадахьийта	[d'adahɪːt]
errar (enganar-se)	гӏалатдала	[ɣalatdal]
escolher (vt)	харжар	[harʒar]
esconder (vt)	дӏадилла	[d'adɪll]
escrever (vt)	яздан	[jazdan]
esperar (aguardar)	хьежа	[heʒ]
esperar (ter esperança)	догдаха	[dɔgdah]
esquecer (vt)	дицдала	[dɪtsdal]
estudar (vt)	lамо	['amɔ]
exigir (vt)	тӏедожо	[t'edɔʒɔ]
existir (vi)	хила	[hɪl]
explicar (vt)	кхето	[qetɔ]
falar (vi)	мотт бийца	[mɔtt bɪːts]
faltar (a la escuela, etc.)	юкъахдита	[juq?ahdɪt]
fazer (vt)	дан	[dan]
ficar em silêncio	къамел ца дан	[q?amel ts dan]
gabar-se (vr)	куралла ян	[kurall jan]
gostar (apreciar)	хазахета	[hazahet]

gritar (vi)	мохь бетта	[mɔh bett]
guardar (fotos, etc.)	лардан	[lardan]
informar (vt)	информаци ян, хаам бан	[ɪnfɔrmatsɪ jan], [ha'am ban]
insistir (vi)	тlера ца вала	[t'er tsa val]
insultar (vt)	сий дайа	[sɪː daj]
interessar-se (vr)	довза лаа	[dɔvz la'a]
ir (a pé)	даха	[dah]
ir nadar	лийча	[lɪːtʃ]
jantar (vi)	пхьор дан	[phɔr dan]

12. Os verbos mais importantes. Parte 3

ler (vt)	еша	[eʃ]
libertar, liberar (vt)	мукъадаккха	[muqʔadakq]
matar (vt)	ден	[den]
mencionar (vt)	хьахо	[haho]
mostrar (vt)	гайта	[gajt]
mudar (modificar)	хийца	[hɪːts]
nadar (vi)	нека дан	[nek dan]
negar-se a … (vr)	дуьхьал хила	[duhal hɪl]
objetar (vt)	дуьхьал хила	[duhal hɪl]
observar (vt)	тергам бан	[tergam ban]
ordenar (mil.)	омра дан	[ɔmr dan]
ouvir (vt)	хаза	[haz]
pagar (vt)	ахча дала	[ahtʃ dal]
parar (vi)	саца	[sats]
parar, cessar (vt)	дlасацо	[d'asatsɔ]
participar (vi)	дакъа лаца	[daqʔ lats]
pedir (comida, etc.)	заказ ян	[zakaz jan]
pedir (um favor, etc.)	деха	[deh]
pegar (tomar)	схьаэца	[shaəts]
pegar (uma bola)	леца	[lets]
pensar (vi, vt)	ойла ян	[ɔjl jan]
perceber (ver)	ган	[gan]
perdoar (vt)	геч дан	[getʃ dan]
perguntar (vt)	хатта	[hatt]
permitir (vt)	магийта	[magɪːt]
pertencer a … (vi)	хила	[hɪl]
planejar (vt)	план хlотто	[plan h'ɔttɔ]
poder (~ fazer algo)	мага	[mag]
possuir (uma casa, etc.)	хила	[hɪl]
preferir (vt)	гlоли хета	[ɣɔlɪ het]
preparar (vt)	кечдан	[ketʃdan]
prever (vt)	хиндерг хаа	[hɪnderg ha'a]
prometer (vt)	валда дан	[va'd dan]
pronunciar (vt)	ала	[al]
propor (vt)	хьахо	[haho]

punir (castigar)	таӏзар дан	[taˈzar dan]
quebrar (vt)	кегдан	[kegdan]
queixar-se de ...	латкъа	[latqʔ]
querer (desejar)	лаа	[laˈa]

13. Os verbos mais importantes. Parte 4

ralhar, repreender (vt)	дов дан	[dɔv dan]
recomendar (vt)	мага дан	[mag dan]
repetir (dizer outra vez)	юхаала	[juhaˈal]
reservar (~ um quarto)	резервировать ян	[rezerwɪrɔvatʲ jan]
responder (vt)	жоп дала	[ʒɔp dal]
rezar, orar (vi)	ламаз дан	[lamaz dan]
rir (vi)	дела	[del]
roubar (vt)	лечкъо	[letʃqʔɔ]
saber (vt)	хаа	[haˈa]
sair (~ de casa)	арадалар	[aradalar]
salvar (resgatar)	кӏелхьардаккха	[kʼelhardakq]
seguir (~ alguém)	тӏаьхьадаха	[tʼæhadah]
sentar-se (vr)	охьахаа	[ɔhahaˈa]
ser necessário	оьшуш хила	[øʃuʃ hɪl]
ser, estar	хила	[hɪl]
significar (vt)	маьӏна хила	[mæˈn hɪl]
sorrir (vi)	дела къежа	[del qʔeʒ]
subestimar (vt)	ма-дарра ца лара	[ma darr tsa lar]
surpreender-se (vr)	цецдала	[tsetsdal]
tentar (~ fazer)	хьажа	[haʒ]
ter (vt)	хила	[hɪl]
ter fome	хӏума яаа лаа	[hˈum jaˈa laˈa]
ter medo	кхера	[qer]
ter sede	мала лаа	[mal laˈa]
tocar (com as mãos)	куьг тоха	[kʉg tɔh]
tomar café da manhã	марта даа	[mart daˈa]
trabalhar (vi)	болх бан	[bɔlh ban]
traduzir (vt)	талмажалла дан	[talmaʒall dan]
unir (vt)	цхьанатоха	[tshænatɔh]
vender (vt)	дохка	[dɔhk]
ver (vt)	ган	[gan]
virar (~ para a direita)	дӏадерза	[dˈaderz]
voar (vi)	лела	[lel]

14. Cores

cor (f)	бос	[bɔs]
tom (m)	амат	[amat]
tonalidade (m)	бос	[bɔs]

arco-íris (m)	стелалад	[stela'ad]
branco (adj)	кӏайн	[k'ajn]
preto (adj)	ӏаьржа	['ærӡ]
cinza (adj)	сира	[sɪr]
verde (adj)	баьццара	[bætsɑr]
amarelo (adj)	можа	[mɔӡ]
vermelho (adj)	цӏен	[ts'en]
azul (adj)	сийна	[sɪːn]
azul claro (adj)	сийна	[sɪːn]
rosa (adj)	сирла-цӏен	[sɪrl ts'en]
laranja (adj)	цӏехо-можа	[ts'eho mɔӡ]
violeta (adj)	цӏехо-сийна	[ts'eho sɪːn]
marrom (adj)	боьмаша	[bømaʃ]
dourado (adj)	дашо	[daʃɔ]
prateado (adj)	детиха	[detɪh]
bege (adj)	бежеви	[beӡewɪ]
creme (adj)	беда-можа	[bed mɔӡ]
turquesa (adj)	бирюзан бос	[bɪrʉzan bɔs]
vermelho cereja (adj)	баьллийн бос	[bællɪːn bɔs]
lilás (adj)	сирла-сийна	[sɪrl sɪːn]
carmim (adj)	камарийн бос	[kamarɪːn bɔs]
claro (adj)	сирла	[sɪrl]
escuro (adj)	ӏаьржа	['ærӡ]
vivo (adj)	къегина	[q'ʔegɪn]
de cor	бесара	[besar]
a cores	бос болу	[bɔs bolu]
preto e branco (adj)	кӏайн-ӏаьржа	[k'ajn 'ærӡ]
unicolor (de uma só cor)	цхьана бесара	[tshan besar]
multicolor (adj)	бес-бесара	[bes besar]

15. Questões

Quem?	Мила?	[mɪl]
O que?	Хӏун?	[h'un]
Onde?	Мичахь?	[mɪtʃah]
Para onde?	Мича?	[mɪtʃ]
De onde?	Мичара?	[mɪtʃar]
Quando?	Маца?	[mats]
Para quê?	Стенна?	[stenn]
Por quê?	Хӏунда?	[h'und]
Para quê?	Стенан?	[stenan]
Como?	Муха?	[muha]
Qual (~ é o problema?)	Муьлха?	[mʉlha]
Qual (~ deles?)	Масалгӏа?	[masalɣ]
A quem?	Хьанна?	[hann]
De quem?	Хьанах лаьцна?	[hanah lætsn]

| Do quê? | Стенах лаьцна? | [stenah læʦn] |
| Com quem? | Хьаьнца? | [hænʦ] |

Quantos? -as?	Маса?	[mas]
Quanto?	Мел?	[mel]
De quem? (masc.)	Хьенан?	[henan]

16. Preposições

com (prep.)	цхьан	[ʦhan]
sem (prep.)	доцуш	[doʦuʃ]
a, para (exprime lugar)	чу	[ʧu]
antes de …	хьалха	[halh]
em frente de …	хьалха	[halh]

debaixo de …	кӀел	[k'el]
sobre (em cima de)	тӀехула	[t'ehul]
em …, sobre …	тӀехь	[t'eh]

| em (~ 3 dias) | даьлча | [dælʧ] |
| por cima de … | хула | [hul] |

17. Palavras funcionais. Advérbios. Parte 1

Onde?	Мичахь?	[mɪʧah]
aqui	хьоккхузахь	[hɔkquzah]
lá, ali	цигахь	[ʦɪgah]

| em algum lugar | цхьанхьа-м | [ʦhanha m] |
| em lugar nenhum | цхьаннахьа а | [ʦhannah a] |

| perto de … | уллехь | [ulleh] |
| perto da janela | кора уллехь | [kɔr ulleh] |

Para onde?	Мича?	[mɪʧ]
aqui	кхузахь	[quzah]
para lá	цига	[ʦɪg]
daqui	хӀоккхузара	[h'ɔkquzar]
de lá, dali	цигара	[ʦɪgar]

| perto | герга | [gerg] |
| longe | гена | [gen] |

perto de …	улло	[ullɔ]
à mão, perto	юххе	[juhe]
não fica longe	гена доцу	[gen dɔʦu]

esquerdo (adj)	аьрру	[ærru]
à esquerda	аьрру аӀорхьара	[ærru aɣɔrhar]
para a esquerda	аьрру аӀор	[ærru aɣɔr]
direito (adj)	аьтту	[ættu]
à direita	аьтту аӀорхьара	[ættu aɣɔrhar]

para a direita	аьтту арлор	[ættu aɣɔr]
em frente	хьалха	[halh]
da frente	хьалхара	[halhar]
adiante (para a frente)	хьалха	[halh]
atrás de …	тӀехьа	[t'eh]
de trás	тӀаьхьа	[t'æh]
para trás	юхо	[juho]
meio (m), metade (f)	юкъ	[juqʔ]
no meio	юккъе	[jukqʔe]
do lado	арлор	['aɣɔr]
em todo lugar	массанхьа	[massanh]
por todos os lados	гонаха	[gɔnah]
de dentro	чухула	[tʃuhul]
para algum lugar	цхьанхьа	[tshanh]
diretamente	нийсса дӀа	[nɪːss d'a]
de volta	юха	[juh]
de algum lugar	миччара а	[mɪtʃar a]
de algum lugar	цхьанхьара	[tshanhar]
em primeiro lugar	цкъа-делахь	[tsqʔa delah]
em segundo lugar	шолгӀа-делахь	[ʃɔlɣ delah]
em terceiro lugar	кхоалгӀа-делахь	[qɔalɣ delah]
de repente	цӀеххьана	[tsʼehan]
no início	юьхьенца	[juhents]
pela primeira vez	дуьххьара	[duhar]
muito antes de …	хьалххе	[halhe]
de novo	юха	[juh]
para sempre	гуттаренна	[guttarenn]
nunca	цкъа а	[tsqʔa 'a]
de novo	кхин цкъа а	[qɪn tsqʔ]
agora	хӀинца	[h'ɪnts]
frequentemente	кест-кеста	[kest kest]
então	хӀетахь	[h'etah]
urgentemente	чехка	[tʃehk]
normalmente	нехан санна	[nehan sann]
a propósito, …	шен метта	[ʃən mett]
é possível	тарлун ду	[tarlun du]
provavelmente	хила мегаш хила	[hɪl megaʃ hɪl]
talvez	хила мега	[hɪl meg]
além disso, …	цул совнаха, …	[tsul sɔvnaha]
por isso …	цундела	[tsundel]
apesar de …	делахь а …	[delah a …]
graças a …	бахьана долуш …	[bahan dɔluʃ]
que (pron.)	хӀун	[h'un]
que (conj.)	а	['a]
algo	цхьаъ-м	[tshaʔ m]
alguma coisa	цхьа хӀума	[tsha hum]

nada	хӀумма а дац	[h'umm a dats]
quem	мила	[mɪl]
alguém (~ que …)	цхьаъ	[tshaʔ]
alguém (com ~)	цхьаъ	[tshaʔ]

ninguém	цхьа а	[tsha a]
para lugar nenhum	цхьанххьа а	[tshanh a]
de ninguém	цхьаьннан а	[tshænnan a]
de alguém	цхьаьннан	[tshænnan]

tão	иштта	[ɪʃtt]
também (gostaria ~ de …)	санна	[sann]
também (~ eu)	а	['a]

18. Palavras funcionais. Advérbios. Parte 2

Por quê?	ХӀунда?	[h'und]
por alguma razão	цхьанна-м	[tshanna m]
porque …	цундела	[tsundel]
por qualquer razão	цхьана хӀуманна	[tshan humann]

e (tu ~ eu)	а-а	[ə- ə]
ou (ser ~ não ser)	я	[ja]
mas (porém)	амма	[amm]

muito, demais	дукха	[duq]
só, somente	бен	[ben]
exatamente	нийсса	[nɪːss]
cerca de (~ 10 kg)	герга	[gerg]

aproximadamente	герггарчу хьесапехь	[gerggartʃu hesapeh]
aproximado (adj)	герггарчу хьесапера	[gerggartʃu hesaper]
quase	герга	[gergg]
resto (m)	бухадиснарг	[buhadɪsnarg]
cada (adj)	хӀор	[h'or]
qualquer (adj)	муьлхха а	[mɯlha]
muito, muitos, muitas	дукха	[duq]
muitas pessoas	дуккха а	[dukq a]
todos	дерриг	[derrɪg]

em troca de …	цхьана … хийцина	[tshan hɪːtsɪn]
em troca	метта	[mett]
à mão	куьйга	[kɯjg]
pouco provável	те	[te]

provavelmente	схьахетарехь	[shahetareh]
de propósito	хуъушехь	[hyʔuʃəh]
por acidente	ларамаза	[laramaz]

muito	чӀоарла	[tʃ'ɔ'aɣ]
por exemplo	масала	[masal]
entre	юккъехь	[jukqʔeh]
entre (no meio de)	юккъехь	[jukqʔeh]
especialmente	къасттина	[qʔasttɪn]

Conceitos básicos. Parte 2

19. Dias da semana

segunda-feira (f)	оршот	[ɔrʃɔt]
terça-feira (f)	шинара	[ʃɪnar]
quarta-feira (f)	кхаара	[qaˈar]
quinta-feira (f)	еара	[ear]
sexta-feira (f)	пlераска	[pˈerask]
sábado (m)	шот	[ʃɔt]
domingo (m)	кlиранде	[kˈɪrande]
hoje	тахана	[tahan]
amanhã	кхана	[qan]
depois de amanhã	лама	[lam]
ontem	селхана	[selhan]
anteontem	стомара	[stɔmar]
dia (m)	де	[de]
dia (m) de trabalho	белхан де	[belhan de]
feriado (m)	деза де	[dez de]
dia (m) de folga	мукъа де	[muqʔ de]
fim (m) de semana	мукъа денош	[muqʔ denɔʃ]
o dia todo	деррига де	[derrɪg de]
no dia seguinte	шолгlачу дийнахь	[ʃɔlɣatʃu dɪːnah]
há dois dias	ши де хьалха	[ʃɪ de halh]
na véspera	де хьалха	[de halh]
diário (adj)	хlор денна хуьлу	[hˈɔr denn hulu]
todos os dias	хlор денна хуьлу	[hˈɔr denn hulu]
semana (f)	кlира	[kˈɪr]
na semana passada	дlадаханчу кlирнахь	[dˈadahantʃu kˈɪrnah]
semana que vem	тlедогlучу кlирнахь	[tˈedoɣutʃu kˈɪrnah]
semanal (adj)	хlор кlиранан	[hˈɔr kˈɪranan]
toda semana	хlор кlирна	[hˈɔr kˈɪrn]
duas vezes por semana	кlирнахь шозза	[kˈɪrnah ʃɔzz]
toda terça-feira	хlор шинара	[hˈɔr ʃɪnar]

20. Horas. Dia e noite

manhã (f)	lуьйре	[ˈujre]
de manhã	lуьйранна	[ˈujrann]
meio-dia (m)	делкъе	[delqʔe]
à tarde	делкъан тlаьхьа	[delqʔan tˈæh]
tardinha (f)	суьйре	[sujre]
à tardinha	сарахь	[sarah]

noite (f)	буьса	[bʉs]
à noite	буса	[bus]
meia-noite (f)	буьйсанан юкъ	[bʉjsanan juqʔ]
segundo (m)	секунд	[sekund]
minuto (m)	минот	[mɪnot]
hora (f)	сахьт	[saht]
meia hora (f)	ахсахьт	[ahsaht]
quarto (m) de hora	сахьтах пхийтта	[sahtah phɪːtt]
quinze minutos	15 минот	[phɪːtt mɪnot]
vinte e quatro horas	де-буьйса	[de bʉjs]
nascer (m) do sol	малх схьакхетар	[malh shaqetar]
amanhecer (m)	сатасар	[satasar]
madrugada (f)	lуьйранна хьалххехь	['ʉjrann halheh]
pôr-do-sol (m)	чубузар	[tʃubuzar]
de madrugada	lуьйранна хьалххе	['ʉjrann halhe]
esta manhã	тахан lуьйранна	[tahan 'ʉjrann]
amanhã de manhã	кхана lуьйранна	[qan 'ʉjrann]
esta tarde	тахана дийнахь	[tahan dɪːnah]
à tarde	делкъан тlаьхьа	[delqʔan t'æh]
amanhã à tarde	кхана делкъан тlаьхьа	[qan delqʔan t'æh]
esta noite, hoje à noite	тахана суьйранна	[tahan sʉjrann]
amanhã à noite	кхана суьйранна	[qan sʉjrann]
às três horas em ponto	нийсса кхоъ сахьт даьлча	[nɪːss qøʔ saht dæltʃ]
por volta das quatro	диъ сахьт гергга	[dɪʔ saht gergg]
às doze	шийтта сахьт долаж	[ʃɪːtt saht dolaʒ]
em vinte minutos	ткъа минот яьлча	[tqʔ mɪnot jæltʃ]
em uma hora	цхьа сахьт даьлча	[tsha saht dæltʃ]
a tempo	шен хеннахь	[ʃen hennah]
... um quarto para	сахьтах пхийтта яьлча	[sahtah phɪːtt jæltʃ]
dentro de uma hora	сахьт даллалц	[saht dallalts]
a cada quinze minutos	хlор пхийтта минот	[h'or phɪːtt mɪnot]
as vinte e quatro horas	дуьззина де-буьйса	[dʉzzɪn de bʉjs]

21. Meses. Estações

janeiro (m)	январь	[janvarʲ]
fevereiro (m)	февраль	[fevralj]
março (m)	март	[mart]
abril (m)	апрель	[aprelj]
maio (m)	май	[maj]
junho (m)	июнь	[ɪjunj]
julho (m)	июль	[ɪʉlj]
agosto (m)	август	[avgust]
setembro (m)	сентябрь	[sentʲabrʲ]
outubro (m)	октябрь	[oktʲabrʲ]

novembro (m)	ноябрь	[nɔjabrʲ]
dezembro (m)	декабрь	[dekabrʲ]
primavera (f)	бӏаьсте	[bʲæste]
na primavera	бӏаьста	[bʲæst]
primaveril (adj)	бӏаьстенан	[bʲæstenan]
verão (m)	аьхке	[æhke]
no verão	аьхка	[æhk]
de verão	аьхкенан	[æhkenan]
outono (m)	гуьйре	[gʉjre]
no outono	гурахь	[gurah]
outonal (adj)	гуьйренан	[gʉjrenan]
inverno (m)	Ӏа	[ˈa]
no inverno	Ӏай	[ˈaj]
de inverno	Ӏаьнан	[ˈænan]
mês (m)	бутт	[butt]
este mês	кху баттахь	[qu battah]
mês que vem	тӏеборгӏу баттахь	[tʼebɔɣu battah]
no mês passado	байна баттахь	[bajn battah]
um mês atrás	цхьа бутт хьалха	[tsha butt halh]
em um mês	цхьа бутт баьлча	[tsha butt bæltʃ]
em dois meses	ши бутт баьлча	[ʃɪ butt bæltʃ]
todo o mês	беррига бутт	[berrɪg butt]
um mês inteiro	дийнна бутт	[dɪːnn butt]
mensal (adj)	хӏор беттан	[hˈɔr bettan]
mensalmente	хӏор баттахь	[hˈɔr battah]
todo mês	хӏор бутт	[hˈɔr butt]
duas vezes por mês	баттахь 2	[battah ʃɔzz]
ano (m)	шо	[ʃɔ]
este ano	кхушара	[quʃar]
ano que vem	тӏедогӏучу шарахь	[tʼedɔɣutʃu ʃarah]
no ano passado	стохка	[stɔhk]
há um ano	шо хьалха	[ʃɔ halh]
em um ano	шо даьлча	[ʃɔ dæltʃ]
dentro de dois anos	ши шо даьлча	[ʃɪ ʃɔ dæltʃ]
todo o ano	деррига шо	[derrɪg ʃɔ]
um ano inteiro	дийнна шо	[dɪːnn ʃɔ]
cada ano	хӏор шо	[hˈɔr ʃɔ]
anual (adj)	хӏор шеран	[hˈɔr ʃəran]
anualmente	хӏор шарахь	[hˈɔr ʃarah]
quatro vezes por ano	шарахь 4	[ʃarah døazz]
data (~ de hoje)	де	[de]
data (ex. ~ de nascimento)	терахь	[terah]
calendário (m)	календарь	[kalendarʲ]
meio ano	ахшо	[ahʃɔ]
seis meses	ахшо	[ahʃɔ]

| estação (f) | зам | [zɑm] |
| século (m) | оьмар | [ømɑr] |

22. Unidades de medida

peso (m)	дозалла	[dɔzall]
comprimento (m)	йохалла	[johall]
largura (f)	шоралла	[ʃɔrall]
altura (f)	лакхалла	[lɑqall]
profundidade (f)	кӏоргалла	[k'ɔrgall]
volume (m)	дукхалла	[duqall]
área (f)	майда	[mɑjd]

grama (m)	грамм	[grɑmm]
miligrama (m)	миллиграмм	[mɪllɪgrɑmm]
quilograma (m)	килограмм	[kɪlɔgrɑmm]
tonelada (f)	тонна	[tɔn]
libra (453,6 gramas)	герка	[gerk]
onça (f)	унци	[untsɪ]

metro (m)	метр	[metr]
milímetro (m)	миллиметр	[mɪllɪmetr]
centímetro (m)	сантиметр	[sɑntɪmetr]
quilômetro (m)	километр	[kɪlɔmetr]
milha (f)	миля	[mɪlj]

polegada (f)	дюйм	[dʉjm]
pé (304,74 mm)	фут	[fut]
jarda (914,383 mm)	ярд	[jɑrd]

| metro (m) quadrado | квадратни метр | [kvɑdrɑtnɪ metr] |
| hectare (m) | гектар | [gektɑr] |

litro (m)	литр	[lɪtr]
grau (m)	градус	[grɑdus]
volt (m)	вольт	[vɔljt]
ampère (m)	ампер	[ɑmper]
cavalo (m) de potência	говран ницкъ	[gɔvrɑn nɪtsq?]

quantidade (f)	дукхалла	[duqall]
um pouco de …	кӏезиг	[k'ezɪg]
metade (f)	ах	[ɑh]

| dúzia (f) | цӏов | [ts'ɔv] |
| peça (f) | цхьаъ | [tshɑ?] |

| tamanho (m), dimensão (f) | барам | [bɑrɑm] |
| escala (f) | масштаб | [mɑsʃtɑb] |

mínimo (adj)	уггар кӏезиг	[uggɑr k'ezɪg]
menor, mais pequeno	уггара кӏезигаха долу	[uggɑr k'ezɪgɑhɑ dɔlu]
médio (adj)	юккъера	[jukq?er]
máximo (adj)	уггар дукха	[uggɑr duq]
maior, mais grande	уггара дукхаха долу	[uggɑr duqɑhɑ dɔlu]

23. Recipientes

pote (m) de vidro	банка	[bɑnk]
lata (~ de cerveja)	банка	[bɑnk]
balde (m)	ведар	[wedɑr]
barril (m)	боьшка	[bøʃk]
bacia (~ de plástico)	тас	[tɑs]
tanque (m)	бак	[bɑk]
cantil (m) de bolso	фляжк	[fljaʒk]
galão (m) de gasolina	канистр	[kɑnɪstr]
cisterna (f)	цистерна	[tsɪstern]
caneca (f)	кружка	[kruʒk]
xícara (f)	кад	[kɑd]
pires (m)	бошхап	[boʃhap]
copo (m)	стака	[stɑk]
taça (f) de vinho	кад	[kɑd]
panela (f)	яй	[jɑj]
garrafa (f)	шиша	[ʃɪʃ]
gargalo (m)	бертиг	[bertɪg]
jarra (f)	сурийла	[surɪːl]
jarro (m)	кIудал	[k'udɑl]
recipiente (m)	пхьерла	[pheɣ]
pote (m)	кхаба	[qɑb]
vaso (m)	ваза	[vɑz]
frasco (~ de perfume)	флакон	[flɑkɔn]
frasquinho (m)	шиша	[ʃɪʃ]
tubo (m)	тюбик	[tubɪk]
saco (ex. ~ de açúcar)	гали	[gɑlɪ]
sacola (~ plastica)	пакет	[pɑket]
maço (de cigarros, etc.)	ботт	[bɔtt]
caixa (~ de sapatos, etc.)	гIутакх	[ɣutɑq]
caixote (~ de madeira)	яьшка	[jæʃk]
cesto (m)	тускар	[tuskɑr]

O SER HUMANO

O ser humano. O corpo

24. Cabeça

cabeça (f)	корта	[kɔrt]
rosto, cara (f)	юьхь	[juh]
nariz (m)	мара	[mar]
boca (f)	бага	[bag]
olho (m)	блаьрга	[b'ærg]
olhos (m pl)	блаьргаш	[b'ærgaʃ]
pupila (f)	йолблаьрг	[jo'b'ærg]
sobrancelha (f)	цlоцкъам	[ts'ɔtsqʔam]
cílio (f)	бларган неlарийн чоьш	[b'argan neɣarɪːn ʧøʃ]
pálpebra (f)	блаьрганеlар	[b'ærganeɣar]
língua (f)	мотт	[mɔtt]
dente (m)	церг	[tserg]
lábios (m pl)	балдаш	[baldaʃ]
maçãs (f pl) do rosto	блаьрадаьlахкаш	[b'æradæ'ahkaʃ]
gengiva (f)	доьлаш	[dølaʃ]
palato (m)	стигал	[stɪgal]
narinas (f pl)	меран lуьргаш	[meran 'ʉrgaʃ]
queixo (m)	члениг	[ʧ'enɪg]
mandíbula (f)	мочхал	[mɔʧhal]
bochecha (f)	бесни	[besnɪ]
testa (f)	хьаж	[haʒ]
têmpora (f)	лергаюх	[lergajuh]
orelha (f)	лерг	[lerg]
costas (f pl) da cabeça	кlесаркlаг	[k'esark'ag]
pescoço (m)	ворта	[vɔrt]
garganta (f)	къамкъарг	[qʔamqʔarg]
cabelo (m)	месаш	[mesaʃ]
penteado (m)	тойина месаш	[tɔjɪn mesaʃ]
corte (m) de cabelo	месаш дlахедор	[mesaʃ d'ahedɔr]
peruca (f)	парик	[parɪk]
bigode (m)	мекхаш	[meqaʃ]
barba (f)	маж	[maʒ]
ter (~ barba, etc.)	лело	[lelɔ]
trança (f)	кlажар	[k'aʒar]
suíças (f pl)	бакенбардаш	[bakenbardaʃ]
ruivo (adj)	хьаьрса	[hærs]
grisalho (adj)	къоьжа	[qʔøʒ]

| careca (adj) | кӀунзал | [k'unzal] |
| calva (f) | кӀунзал | [k'unzal] |

| rabo-de-cavalo (m) | цӀога | [ts'ɔg] |
| franja (f) | кӀужал | [k'uʒal] |

25. Corpo humano

| mão (f) | тӀара | [t'ar] |
| braço (m) | куьйг | [kʉjg] |

dedo (m)	пӀелг	[p'elg]
polegar (m)	нана пӀелг	[nan p'elg]
dedo (m) mindinho	цӀаза-пӀелг	[ts'az p'elg]
unha (f)	мӀара	[m'ar]

punho (m)	буй	[buj]
palma (f)	кераюкъ	[kerajuqʔ]
pulso (m)	куьйган хьакхолг	[kʉjgan haqɔlg]
antebraço (m)	пхьарс	[phars]
cotovelo (m)	гола	[gɔl]
ombro (m)	белш	[belʃ]

perna (f)	ког	[kɔg]
pé (m)	коган кӀело	[kɔgan k'elɔ]
joelho (m)	гола	[gɔl]
panturrilha (f)	пхьид	[phɪd]
quadril (m)	варе	[vare]
calcanhar (m)	кӀажа	[k'aʒ]

corpo (m)	дегӀ	[deɣ]
barriga (f), ventre (m)	гай	[gaj]
peito (m)	накха	[naq]
seio (m)	накха	[naq]
lado (m)	агӀо	['aɣɔ]
costas (dorso)	букъ	[buqʔ]
região (f) lombar	хоттарш	[hottarʃ]
cintura (f)	гӀодаюкъ	[ɣɔdajuqʔ]

umbigo (m)	цӀонга	[ts'ɔng]
nádegas (f pl)	хенан маьйиг	[henan mæ'ɪg]
traseiro (m)	тӀехье	[t'ehe]

sinal (m), pinta (f)	кӀеда	[k'ed]
sinal (m) de nascença	минга	[mɪng]
tatuagem (f)	дагар	[dagar]
cicatriz (f)	мо	[mɔ]

Vestuário & Acessórios

26. Roupa exterior. Casacos

roupa (f)	бедар	[bedar]
roupa (f) exterior	тӏехула юху бедар	[t'ehul juhu bedar]
roupa (f) de inverno	lаьнан барзакъ	['ænan barzaq?]
sobretudo (m)	пальто	[paljtɔ]
casaco (m) de pele	кетар	[ketar]
jaqueta (f) de pele	йоца кетар	[joʦ ketar]
casaco (m) acolchoado	месийн гоь	[mesɪːn gø]
casaco (m), jaqueta (f)	куртка	[kurtk]
impermeável (m)	плащ	[plaɕ]
a prova d'água	хи чекх ца долу	[hɪ ʧeq ʦa dɔlu]

27. Vestuário de homem & mulher

camisa (f)	коч	[kɔʧ]
calça (f)	хеча	[heʧ]
jeans (m)	джинсаш	[dʒɪnsaʃ]
paletó, terno (m)	пиджак	[pɪdʒak]
terno (m)	костюм	[kɔstum]
vestido (ex. ~ de noiva)	бедар	[bedar]
saia (f)	юпка	[jupk]
blusa (f)	блузка	[bluzk]
casaco (m) de malha	кофта	[kɔft]
casaco, blazer (m)	жакет	[ʒaket]
camiseta (f)	футболк	[futbɔlk]
short (m)	шорташ	[ʃɔrtaʃ]
training (m)	спортан костюм	[spɔrtan kɔstum]
roupão (m) de banho	оба	[ɔb]
pijama (m)	пижама	[pɪʒam]
suéter (m)	свитер	[swɪter]
pulôver (m)	пуловер	[pulɔwer]
colete (m)	жилет	[ʒɪlet]
fraque (m)	фрак	[frak]
smoking (m)	смокинг	[smɔkɪng]
uniforme (m)	форма	[fɔrm]
roupa (f) de trabalho	белхан бедар	[belhan bedar]
macacão (m)	комбинезон	[kɔmbɪnezɔn]
jaleco (m), bata (f)	оба	[ɔb]

28. Vestuário. Roupa interior

roupa (f) íntima	чухулаюху хlуманаш	[tʃuhulajuhu h'umanaʃ]
camiseta (f)	майка	[majk]
meias (f pl)	пазаташ	[pazataʃ]
camisola (f)	вуьжуш юху коч	[vʉʒuʃ juhu kɔtʃ]
sutiã (m)	бюстгалтер	[bʉstgalter]
meias longas (f pl)	пазаташ	[pazataʃ]
meias-calças (f pl)	колготкаш	[kɔlgɔtkaʃ]
meias (~ de nylon)	пазаташ	[pazataʃ]
maiô (m)	луьйчушъюхург	[lʉjtʃuʔʉhurg]

29. Adereços de cabeça

chapéu (m), touca (f)	куй	[kuj]
chapéu (m) de feltro	шляпа	[ʃljap]
boné (m) de beisebol	бейсболк	[bejsbɔlk]
boina (~ italiana)	кепка	[kepk]
boina (ex. ~ basca)	берет	[beret]
capuz (m)	бошлакх	[bɔʃlaq]
chapéu panamá (m)	панамка	[panamk]
touca (f)	юьйцина куй	[jujtsɪn kuj]
lenço (m)	йовлакх	[jovlaq]
chapéu (m) feminino	шляпин цуьрг	[ʃljapɪn tsʉrg]
capacete (m) de proteção	каска	[kask]
bibico (m)	пилотка	[pɪlɔtk]
capacete (m)	гlем	[ɣem]
chapéu-coco (m)	яй	[jaj]
cartola (f)	цилиндр	[tsɪlɪndr]

30. Calçado

calçado (m)	мача	[matʃ]
botinas (f pl), sapatos (m pl)	батенкаш	[batenkaʃ]
sapatos (de salto alto, etc.)	туфлеш	[tufleʃ]
botas (f pl)	эткаш	[ɛtkaʃ]
pantufas (f pl)	кlархаш	[k'arhaʃ]
tênis (~ Nike, etc.)	красовкаш	[krasɔvkaʃ]
tênis (~ Converse)	кеди	[kedɪ]
sandálias (f pl)	сандалеш	[sandaleʃ]
sapateiro (m)	эткийн пхьар	[ɛtkɪːn phar]
salto (m)	кlажа	[k'aʒ]
par (m)	шиъ	[ʃɪʔ]
cadarço (m)	чимчарла	[tʃɪmtʃarɣ]

amarrar os cadarços	чимчарľа дӀадехка	[tʃɪmtʃarɣ d'adehk]
calçadeira (f)	лайг	['ajg]
graxa (f) para calçado	мачийн крем	[matʃɪːn krem]

31. Acessórios pessoais

luva (f)	карнаш	[karnaʃ]
mitenes (f pl)	каранаш	[karanaʃ]
cachecol (m)	шарф	[ʃarf]

óculos (m pl)	куьзганаш	[kuzganaʃ]
armação (f)	куьзганийн гура	[kuzganɪːn gur]
guarda-chuva (m)	зонтик	[zontɪk]
bengala (f)	ľасалг	['asalg]
escova (f) para o cabelo	щётка	[ɕ'otk]
leque (m)	мохтухург	[mɔhtuhurg]

gravata (f)	галстук	[galstuk]
gravata-borboleta (f)	галстук-бабочка	[galstuk babotʃk]
suspensórios (m pl)	доьхкарш	[døhkarʃ]
lenço (m)	мерах хьокху йовлакх	[merah hɔqu jovlaq]

pente (m)	ехк	[ehk]
fivela (f) para cabelo	маха	[mah]
grampo (m)	мľара	[m'ar]
fivela (f)	кľега	[k'eg]

| cinto (m) | доьхка | [døhk] |
| alça (f) de ombro | бухка | [buhk] |

bolsa (f)	тľормиг	[t'ɔrmɪg]
bolsa (feminina)	тľормиг	[t'ɔrmɪg]
mochila (f)	рюкзак	[rukzak]

32. Vestuário. Diversos

moda (f)	мода	[mɔd]
na moda (adj)	модехь долу	[mɔdeh dɔlu]
estilista (m)	модельхо	[mɔdeljhɔ]

colarinho (m)	кач	[katʃ]
bolso (m)	киса	[kɪs]
de bolso	кисанан	[kɪsanan]
manga (f)	пхьош	[phɔʃ]
ganchinho (m)	лалам	[lalam]
bragueta (f)	ширинка	[ʃɪrɪnk]

zíper (m)	дорľа	[dɔɣ]
colchete (m)	туьйдарг	[tujdarg]
botão (m)	нуьйда	[nujd]
botoeira (casa de botão)	туьйдарг	[tujdarg]
soltar-se (vr)	дľадала	[d'adal]

costurar (vi)	тега	[teg]
bordar (vt)	дага	[dag]
bordado (m)	дагар	[dagar]
agulha (f)	маха	[mah]
fio, linha (f)	тай	[taj]
costura (f)	эвна	[ɛvn]
sujar-se (vr)	бехдала	[behdal]
mancha (f)	таммarla	[tammaɣ]
amarrotar-se (vr)	хьерча	[hertʃ]
rasgar (vt)	датlo	[dat'ɔ]
traça (f)	неца	[neʦ]

33. Cuidados pessoais. Cosméticos

pasta (f) de dente	цергийн паста	[ʦergɪːn past]
escova (f) de dente	цергийг щётка	[ʦergɪːg ɕ'otk]
escovar os dentes	цергаш цlанъян	[ʦergaʃ ʦ'an?jan]
gilete (f)	урс	[urs]
creme (m) de barbear	маж йошуш хьокху крем	[maʒ joʃuʃ hɔqu krem]
barbear-se (vr)	даша	[daʃ]
sabonete (m)	саба	[sab]
xampu (m)	шампунь	[ʃampunj]
tesoura (f)	тукар	[tukar]
lixa (f) de unhas	ков	[kɔv]
corta-unhas (m)	маlраш йоху морзах	[ma'raʃ johu mɔrzah]
pinça (f)	пинцет	[pɪnʦet]
cosméticos (m pl)	косметика	[kɔsmetɪk]
máscara (f)	маска	[mask]
manicure (f)	маникюр	[manɪkʉr]
fazer as unhas	маникюр ян	[manɪkʉr jan]
pedicure (f)	педикюр	[pedɪkʉr]
bolsa (f) de maquiagem	косметичка	[kɔsmetɪtʃk]
pó (de arroz)	пудра	[pudr]
pó (m) compacto	пудрадухкург	[pudraduhkurg]
blush (m)	цlен басарш	[ʦ'en basarʃ]
perfume (m)	духlи	[duh'ɪ]
água-de-colônia (f)	туалетан хи	[tualetan hɪ]
loção (f)	лосьон	[lɔs'ɔn]
colônia (f)	latlap	['at'ar]
sombra (f) de olhos	тенеш	[teneʃ]
delineador (m)	бlаргах хьокху къолам	[b'argah hɔqu q?ɔlam]
máscara (f), rímel (m)	тушь	[tuʃ]
batom (m)	балдех хьокху хьакхар	[baldeh hɔqu haqar]
esmalte (m)	маlрат хьокху лак	[ma'rat hɔqu lak]
laquê (m), spray fixador (m)	месашт хьокху лак	[mesaʃt hɔqu lak]

desodorante (m)	дезодарант	[dezɔdarant]
creme (m)	крем	[krem]
creme (m) de rosto	юьхьах хьокху крем	[juhah hɔqu krem]
creme (m) de mãos	куьйгах хьокху крем	[kʉjgah hɔqu krem]
creme (m) antirrugas	хершнаш дуьхьал крем	[herʃnaʃ dʉhal krem]
de dia	дийнан	[dɪ:nan]
da noite	буьйсанан	[bʉjsanan]
absorvente (m) interno	тампон	[tampɔn]
papel (m) higiênico	хьаштагӀан кехат	[haʃtaɣan kehat]
secador (m) de cabelo	месашъякъорг	[mesaʃʰjaq?ɔrg]

34. Relógios de pulso. Relógios

relógio (m) de pulso	пхьаьрсах доьхку сахьт	[phærsah døhku saht]
mostrador (m)	циферблат	[tsɪferblat]
ponteiro (m)	сахьтан цамза	[sahtan tsamz]
bracelete (em aço)	сахьтан хӀоз	[sahtan h'ɔz]
bracelete (em couro)	ремешок	[remeʃɔk]
pilha (f)	батарейка	[batarejk]
acabar (vi)	охьахаа	[ɔhaha'a]
trocar a pilha	хийца	[hɪ:ts]
estar adiantado	сихадала	[sɪhadal]
estar atrasado	тӀехь лела	[t'eh lel]
relógio (m) de parede	пенах уллу сахьт	[penah ullu saht]
ampulheta (f)	гӀамаран сахьт	[ɣamaran saht]
relógio (m) de sol	маьлхан сахьт	[mælhan saht]
despertador (m)	сомавоккху сахьт	[sɔmavɔkqu saht]
relojoeiro (m)	сахьтийн пхьар	[sahtɪ:n phar]
reparar (vt)	тадан	[tadan]

Alimentação. Nutrição

35. Comida

carne (f)	жижиг	[ʒɪʒɪg]
galinha (f)	котам	[kɔtam]
frango (m)	кӏорни	[k'ɔrnɪ]
pato (m)	бад	[bad]
ganso (m)	гӏаз	[ɣaz]
caça (f)	экха	[ɛq]
peru (m)	москал-котам	[mɔskal kɔtam]
carne (f) de porco	хьакхин жижиг	[haqɪn ʒɪʒɪg]
carne (f) de vitela	эсан жижиг	[ɛsan ʒɪʒɪg]
carne (f) de carneiro	уьстагӏан жижиг	[ʉstaɣan ʒɪʒɪg]
carne (f) de vaca	бежанан жижиг	[beʒanan ʒɪʒɪg]
carne (f) de coelho	пхьагал	[phagal]
linguiça (f), salsichão (m)	марш	[marʃ]
salsicha (f)	йоьхь	[jøh]
bacon (m)	бекон	[bekɔn]
presunto (m)	дакъийна хьакхин жижиг	[daqʔɪːn haqɪn ʒɪʒɪg]
pernil (m) de porco	хьакхин гӏогӏ	[haqɪn ɣɔɣ]
patê (m)	паштет	[paʃtet]
fígado (m)	доах	[dɔ'ah]
guisado (m)	аьхьана жижиг	[æhan ʒɪʒɪg]
língua (f)	мотт	[mɔtt]
ovo (m)	хӏоа	[h'ɔ'a]
ovos (m pl)	хӏоаш	[h'ɔ'aʃ]
clara (f) de ovo	кӏайн хӏоа	[k'ajn h'ɔ'a]
gema (f) de ovo	буьйра	[bʉjr]
peixe (m)	чӏара	[ʧ'ar]
mariscos (m pl)	хӏордан сурсаташ	[h'ɔrdan sursataʃ]
caviar (m)	зирх	[zɪrh]
caranguejo (m)	краб	[krab]
camarão (m)	креветка	[krewetk]
ostra (f)	устрица	[ustrɪts]
lagosta (f)	лангуст	[langust]
polvo (m)	бархӏкогберг	[barh'kɔgberg]
lula (f)	кальмар	[kaljmar]
esturjão (m)	ипгӏу	[ɪrɣu]
salmão (m)	лосось	[lɔsɔsʲ]
halibute (m)	палтус	[paltus]
bacalhau (m)	треска	[tresk]
cavala, sarda (f)	скумбри	[skumbrɪ]

atum (m)	тунец	[tunets]
enguia (f)	жӏаьлин чӏара	[ʒ'ælɪn tʃ'ɑr]
truta (f)	бакъ чӏара	[bɑqʔ tʃ'ɑr]
sardinha (f)	сардина	[sɑrdɪn]
lúcio (m)	гӏазкхийн чӏара	[ɣɑzqɪ:n tʃ'ɑr]
arenque (m)	сельдь	[seljdʲ]
pão (m)	бепиг	[bepɪg]
queijo (m)	нехча	[nehtʃ]
açúcar (m)	шекар	[ʃəkɑr]
sal (m)	туьха	[tʉh]
arroz (m)	дуга	[dug]
massas (f pl)	макаронаш	[mɑkɑrɔnɑʃ]
talharim, miojo (m)	гарзанаш	[gɑrzɑnɑʃ]
manteiga (f)	налха	[nɑlh]
óleo (m) vegetal	ораматийн даьтта	[ɔrɑmɑtɪ:n dætt]
óleo (m) de girassol	хӏун даьтта	[h'un dætt]
margarina (f)	маргарин	[mɑrgɑrɪn]
azeitonas (f pl)	оливкаш	[ɔlɪvkɑʃ]
azeite (m)	оливкан даьтта	[ɔlɪvkɑn dætt]
leite (m)	шура	[ʃur]
leite (m) condensado	юкъйина шура	[juqʔjɪn ʃur]
iogurte (m)	йогурт	[jogurt]
creme (m) azedo	тӏо	[t'ɔ]
creme (m) de leite	гӏаймакх	[ɣɑjmɑq]
maionese (f)	майнез	[mɑjnez]
creme (m)	крем	[krem]
grãos (m pl) de cereais	Iов	['ɔv]
farinha (f)	дама	[dɑm]
enlatados (m pl)	консерваш	[kɔnservɑʃ]
flocos (m pl) de milho	хьаьжкӏийн чуьппалгаш	[hæʒk'ɪ:n tʃʉppɑlgɑʃ]
mel (m)	моз	[mɔz]
geleia (m)	джем	[dʒem]
chiclete (m)	серӏаз	[seɣɑz]

36. Bebidas

água (f)	хи	[hɪ]
água (f) potável	молу хи	[mɔlu hɪ]
água (f) mineral	дарбане хи	[dɑrbɑne hɪ]
sem gás (adj)	газ йоцуш	[gɑz jotsuʃ]
gaseificada (adj)	газ тоьхна	[gɑz tøhn]
com gás	газ йолуш	[gɑz joluʃ]
gelo (m)	ша	[ʃ]
com gelo	ша болуш	[ʃɑ bɔluʃ]

não alcoólico (adj)	алкоголь йоцу	[alkɔgɔlj jotsu]
refrigerante (m)	алкоголь йоцу маларш	[alkɔgɔlj jotsu malarʃ]
refresco (m)	хьогаллин малар	[hɔgallɪn malar]
limonada (f)	лимонад	[lɪmɔnad]

bebidas (f pl) alcoólicas	алкоголь йолу маларш	[alkɔgɔlj jolu malarʃ]
vinho (m)	чарлап	[ʧaɣar]
vinho (m) branco	кӀай чарлап	[k'aj ʧaɣar]
vinho (m) tinto	цӀен чарлап	[ts'en ʧaɣar]

licor (m)	ликёр	[lɪkʲor]
champanhe (m)	шампански	[ʃampanskɪ]
vermute (m)	вермут	[wermut]

uísque (m)	виски	[wɪskɪ]
vodca (f)	къаьракъа	[q'æraq']
gim (m)	джин	[dʒɪn]
conhaque (m)	коньяк	[kɔnjak]
rum (m)	ром	[rɔm]

café (m)	къахьо	[q'ahɔ]
café (m) preto	Ӏаьржа къахьо	['ærʒ q'ahɔ]
café (m) com leite	шура тоьхна къахьо	[ʃur tøhn q'ahɔ]
cappuccino (m)	гӀаймакх тоьхна къахьо	[ɣajmaq tøhn q'ahɔ]
café (m) solúvel	дешаш долу къахьо	[deʃaʃ dɔlu q'ahɔ]

leite (m)	шура	[ʃur]
coquetel (m)	коктейль	[kɔktejlj]
batida (f), milkshake (m)	шурин коктейль	[ʃurɪn kɔktejlj]

suco (m)	мутта	[mutt]
suco (m) de tomate	помидорийн мутта	[pɔmɪdɔriːn mutt]
suco (m) de laranja	апельсинан мутта	[apeljsɪnan mutt]
suco (m) fresco	керла йаккха мутта	[kerl jakq mutt]

cerveja (f)	йий	[jiː]
cerveja (f) clara	сирла йий	[sɪrl jiː]
cerveja (f) preta	Ӏаьржа йий	['ærʒ jiː]

chá (m)	чай	[ʧaj]
chá (m) preto	Ӏаьржа чай	['ærʒ ʧaj]
chá (m) verde	баьццара чай	[bætsar ʧaj]

37. Vegetais

vegetais (m pl)	хасстоьмаш	[hasstømaʃ]
verdura (f)	гӀабуц	[ɣabuts]

tomate (m)	помидор	[pɔmɪdɔr]
pepino (m)	наьрс	[nærs]
cenoura (f)	жӀонка	[ʒ'ɔnk]
batata (f)	картол	[kartɔl]
cebola (f)	хох	[hoh]
alho (m)	саьрмасекх	[særmaseq]

couve (f)	копаста	[kɔpast]
couve-flor (f)	къорза копаста	[qʔɔrz kɔpast]
couve-de-bruxelas (f)	брюссельски копаста	[brʉsseljskɪ kɔpast]
brócolis (m pl)	брокколи копаст	[brɔkkɔlɪ kɔpast]

beterraba (f)	бурак	[burak]
berinjela (f)	баклажан	[baklaʒan]
abobrinha (f)	кабачок	[kabatʃɔk]
abóbora (f)	гӀабакх	[ɣabaq]
nabo (m)	хорсам	[horsam]

salsa (f)	чам-буц	[tʃam buts]
endro, aneto (m)	оччам	[ɔtʃam]
alface (f)	салат	[salat]
aipo (m)	сельдерей	[seljderej]
aspargo (m)	спаржа	[sparʒ]
espinafre (m)	шпинат	[ʃpɪnat]

ervilha (f)	кхоьш	[qøʃ]
feijão (~ soja, etc.)	кхоьш	[qøʃ]
milho (m)	хьаьжкӀа	[hæʒk']
feijão (m) roxo	кхоь	[qø]

pimentão (m)	бурч	[burtʃ]
rabanete (m)	цӀен хорсам	[ts'en horsam]
alcachofra (f)	артишок	[artɪʃɔk]

38. Frutos. Nozes

fruta (f)	стом	[stɔm]
maçã (f)	Iаж	['aʒ]
pera (f)	кхор	[qɔr]
limão (m)	лимон	[lɪmɔn]
laranja (f)	апельсин	[apeljsɪn]
morango (m)	цӀазам	[ts'azam]

tangerina (f)	мандарин	[mandarɪn]
ameixa (f)	хьач	[hatʃ]
pêssego (m)	гӀаммагӀа	[ɣammaɣ]
damasco (m)	туьрк	[tʉrk]
framboesa (f)	комар	[kɔmar]
abacaxi (m)	ананас	[ananas]

banana (f)	банан	[banan]
melancia (f)	хорбаз	[horbaz]
uva (f)	кемсаш	[kemsaʃ]
ginja, cereja (f)	балл	[ball]
melão (m)	гӀабакх	[ɣabaq]

toranja (f)	грейпфрут	[grejpfrut]
abacate (m)	авокадо	[avɔkadɔ]
mamão (m)	папайя	[papaj]
manga (f)	манго	[mangɔ]
romã (f)	гранат	[granat]

groselha (f) vermelha	цlен кхезарш	[ts'en qezarʃ]
groselha (f) negra	lаьржа кхезарш	['ærʒ qezarʃ]
groselha (f) espinhosa	кlудалгаш	[k'udalgaʃ]
mirtilo (m)	lаьржа балл	['ærʒ ball]
amora (f) silvestre	мангалкомар	[mangalkɔmar]
passa (f)	кишмаш	[kɪʃmaʃ]
figo (m)	инжир	[ɪnʒɪr]
tâmara (f)	хурма	[hurm]
amendoim (m)	орахис	[ɔrahɪs]
amêndoa (f)	миндаль	[mɪndalj]
noz (f)	бочаблар	[bɔtʃab'ar]
avelã (f)	хlунан блар	[h'unan bar]
coco (m)	кокосови блар	[kɔkɔsɔwɪ b'ar]
pistaches (m pl)	фисташкаш	[fɪstaʃkaʃ]

39. Pão. Bolaria

pastelaria (f)	кхачанан хlуманаш	[qatʃanan h'umanaʃ]
pão (m)	бепиг	[bepɪg]
biscoito (m), bolacha (f)	пичени	[pɪtʃenɪ]
chocolate (m)	шоколад	[ʃɔkɔlad]
de chocolate	шоколадан	[ʃɔkɔladan]
bala (f)	кемпет	[kempet]
doce (bolo pequeno)	пирожни	[pɪrɔʒnɪ]
bolo (m) de aniversário	торт	[tɔrt]
torta (f)	чуда	[tʃud]
recheio (m)	чуйоьллинарг	[tʃujøllɪnarg]
geleia (m)	варени	[varenɪ]
marmelada (f)	мармелад	[marmelad]
wafers (m pl)	вафлеш	[vafleʃ]
sorvete (m)	морожени	[mɔrɔʒenɪ]

40. Pratos cozinhados

prato (m)	даар	[da'ar]
cozinha (~ portuguesa)	даарш	[da'arʃ]
receita (f)	рецепт	[retsept]
porção (f)	порци	[pɔrtsɪ]
salada (f)	салат	[salat]
sopa (f)	чорпа	[tʃɔrp]
caldo (m)	чорпа	[tʃɔrp]
sanduíche (m)	бутерброд	[buterbrɔd]
ovos (m pl) fritos	хlоаш	[h'ɔ'aʃ]
hambúrguer (m)	гамбургер	[gamburger]
bife (m)	бифштекс	[bɪfʃteks]

acompanhamento (m)	гарнир	[garnɪr]
espaguete (m)	спагетти	[spagettɪ]
purê (m) de batata	картолийн худар	[kartolɪːn hudar]
pizza (f)	пицца	[pɪts]
mingau (m)	худар	[hudar]
omelete (f)	омлет	[ɔmlet]

fervido (adj)	кхехкийна	[qehkɪːn]
defumado (adj)	кхаьгна	[qægn]
frito (adj)	кхерзина	[qerzɪn]
seco (adj)	дакъийна	[daqʔɪːn]
congelado (adj)	гӏорийна	[ɣɔrɪːn]
em conserva (adj)	берамала доьллина	[beramal døllɪn]

doce (adj)	мерза	[merz]
salgado (adj)	дуьра	[dʉr]
frio (adj)	шийла	[ʃɪːl]
quente (adj)	довха	[dɔvh]
amargo (adj)	къаьхьа	[qʔæh]
gostoso (adj)	чоме	[tʃɔme]

cozinhar em água fervente	кхехко	[qehkɔ]
preparar (vt)	кечдан	[ketʃdan]
fritar (vt)	кхарза	[qarz]
aquecer (vt)	дохдан	[dɔhdan]

salgar (vt)	туьха таса	[tʉha tas]
apimentar (vt)	бурч таса	[burtʃ tas]
ralar (vt)	сатоха	[satɔh]
casca (f)	чкъуьйриг	[tʃqʔʉjrɪg]
descascar (vt)	цӏанъян	[ts'anʔjan]

41. Especiarias

sal (m)	туьха	[tʉh]
salgado (adj)	дуьра	[dʉr]
salgar (vt)	туьха таса	[tʉha tas]

pimenta-do-reino (f)	Iаьржа бурч	['ærʒ burtʃ]
pimenta (f) vermelha	цӏен бурч	[ts'en burtʃ]
mostarda (f)	кӏолла	[k'ɔll]
raiz-forte (f)	кӏон орам	[k'ɔn ɔram]

condimento (m)	чамбийриг	[tʃambɪːrɪg]
especiaria (f)	мерза юург	[merz ju'urg]
molho (~ inglês)	берам	[beram]
vinagre (m)	къонза	[qʔɔnz]

anis estrelado (m)	анис	[anɪs]
manjericão (m)	базилик	[bazɪlɪk]
cravo (m)	гвоздика	[gvɔzdɪk]
gengibre (m)	Iамбар	['ambar]
coentro (m)	кориандр	[kɔrɪandr]
canela (f)	корица	[kɔrɪts]

gergelim (m)	кунжут	[kunʒut]
folha (f) de louro	лавран гӀа	[lavrɑn ɣɑ]
páprica (f)	паприка	[pɑprɪk]
cominho (m)	циц	[tsɪts]
açafrão (m)	шафран	[ʃɑfrɑn]

42. Refeições

| comida (f) | даар | [dɑ'ɑr] |
| comer (vt) | яаа | [jɑ'ɑ] |

café (m) da manhã	марта	[mɑrt]
tomar café da manhã	марта даа	[mɑrt dɑ'ɑ]
almoço (m)	делкъан кхача	[delq?ɑn qɑtʃ]
almoçar (vi)	делкъана хӀума яа	[delq?ɑn h'um jɑ'ɑ]
jantar (m)	пхьор	[phɔr]
jantar (vi)	пхьор дан	[phɔr dɑn]

| apetite (m) | аппетит | [ɑppetɪt] |
| Bom apetite! | ГӀоза доййла! | [ɣɔz dɔːl] |

abrir (~ uma lata, etc.)	схьаела	[shɑjel]
derramar (~ líquido)	Ӏано	['ɑnɔ]
derramar-se (vr)	Ӏана	['ɑn]

ferver (vi)	кхехка	[qehk]
ferver (vt)	кхехко	[qehkɔ]
fervido (adj)	кхехкийна	[qehkɪːn]
esfriar (vt)	шелдан	[ʃəldɑn]
esfriar-se (vr)	шелдала	[ʃəldɑl]

| sabor, gosto (m) | чам | [tʃɑm] |
| fim (m) de boca | кхин чам | [qɪn tʃɑm] |

emagrecer (vi)	аздала	[ɑzdɑl]
dieta (f)	диета	[dɪet]
vitamina (f)	втамин	[vtɑmɪn]
caloria (f)	калорий	[kɑlɔrɪː]
vegetariano (m)	дилхазахо	[dɪlhazɑho]
vegetariano (adj)	дилхаза	[dɪlhaz]

gorduras (f pl)	дилхдаьтта	[dɪlhdætt]
proteínas (f pl)	кӀайн хлоа	[k'ɑjn h'ɔ'ɑ]
carboidratos (m pl)	углеводаш	[uglevɔdɑʃ]
fatia (~ de limão, etc.)	цастар	[tsɑstɑr]
pedaço (~ de bolo)	юьхк	[juhk]
migalha (f), farelo (m)	цуьрг	[tsurg]

43. Por a mesa

| colher (f) | Ӏайг | ['ɑjg] |
| faca (f) | урс | [urs] |

garfo (m)	мӀара	[m'ar]
xícara (f)	кад	[kad]
prato (m)	бошхап	[bɔʃhap]
pires (m)	бошхап	[bɔʃhap]
guardanapo (m)	салфетка	[salfetk]
palito (m)	цергахъӀуттург	[tsergah?əutturg]

44. Restaurante

restaurante (m)	ресторан	[restɔran]
cafeteria (f)	кофейни	[kɔfejnɪ]
bar (m), cervejaria (f)	бар	[bar]
salão (m) de chá	чайнан салон	[ʧajnan salɔn]
garçom (m)	официант	[ɔfɪʦɪant]
garçonete (f)	официантка	[ɔfɪʦɪantk]
barman (m)	бармен	[barmen]
cardápio (m)	меню	[menʉ]
lista (f) de vinhos	чаӀларан карта	[ʧaɣaran kart]
reservar uma mesa	стол цхьанна тӀехь чӀарӀдан	[stɔl tshann t'eh ʧ'aɣdan]
prato (m)	даар	[da'ar]
pedir (vt)	заказ ян	[zakaz jan]
fazer o pedido	заказ ян	[zakaz jan]
aperitivo (m)	аперетив	[aperetɪv]
entrada (f)	тӀекхоллург	[t'eqɔllurg]
sobremesa (f)	десерт	[desert]
conta (f)	счёт	[stʃ'ot]
pagar a conta	счётан мах бала	[stʃ'otan mah bal]
dar o troco	юхадоӀург дала	[juhadɔɣurg dal]
gorjeta (f)	чайнна хӀума	[ʧajnn h'um]

Família, parentes e amigos

45. Informação pessoal. Formulários

nome (m)	цle	[ts'e]
sobrenome (m)	фамили	[famɪlɪ]
data (f) de nascimento	вина терахь	[wɪn terah]
local (m) de nascimento	вина меттиг	[wɪn mettɪg]
nacionalidade (f)	къам	[qʔam]
lugar (m) de residência	веха меттиг	[weha mettɪg]
país (m)	мохк	[mɔhk]
profissão (f)	говзалла	[gɔvzall]
sexo (m)	стен-боьршалла	[sten børʃall]
estatura (f)	локхалла	[lɔqall]
peso (m)	дозалла	[dɔzall]

46. Membros da família. Parentes

mãe (f)	нана	[nan]
pai (m)	да	[d]
filho (m)	воl	[vɔʃ]
filha (f)	йоl	[jɔʃ]
caçula (f)	жимаха йоl	[ʒɪmaha jɔʃ]
caçula (m)	жимаха воl	[ʒɪmaha vɔʃ]
filha (f) mais velha	йоккхаха йоl	[jɔkqaha jɔʃ]
filho (m) mais velho	воккхаха воl	[vɔkqaha vɔʃ]
irmão (m)	ваша	[vaʃ]
irmã (f)	йиша	[jɪʃ]
primo (m)	шича	[ʃɪtʃ]
prima (f)	шича	[ʃɪtʃ]
mamãe (f)	нана	[nan]
papai (m)	дада	[dad]
pais (pl)	да-нана	[də nan]
criança (f)	бер	[ber]
crianças (f pl)	бераш	[beraʃ]
avó (f)	баба	[bab]
avô (m)	дада	[dad]
neto (m)	кlентан, йоlан кlант	[k'entan], [jo'an k'ant]
neta (f)	кlентан, йоlан йоl	[k'entan], [jo'an jɔʃ]
netos (pl)	кlентан, йоlан бераш	[k'entan], [jo'an beraʃ]
tio (m)	ден ваша, ненан ваша	[den vaʃ], [nenan vaʃ]
tia (f)	деца, неца	[dets], [nets]

sobrinho (m)	вешин кӏант, йишин кӏант	[weʃɪn k'ant], [jɪʃɪn k'ant]
sobrinha (f)	вешин йоӏ, йишин йоӏ	[weʃɪn joʕ], [jɪʃɪn joʕ]
sogra (f)	стуннана	[stunnan]
sogro (m)	марда	[mard]
genro (m)	нуц	[nuts]
madrasta (f)	десте	[deste]
padrasto (m)	ненан майра	[nenan majr]
criança (f) de colo	декхаш долу бер	[deqaʃ dɔlu ber]
bebê (m)	бер	[ber]
menino (m)	жиманиг	[ʒɪmanɪg]
mulher (f)	зуда	[zud]
marido (m)	майра	[majr]
esposo (m)	майра	[majr]
esposa (f)	сесаг	[sesag]
casado (adj)	зуда ялийна	[zud jalɪːn]
casada (adj)	марехь	[mareh]
solteiro (adj)	зуда ялоза	[zud jalɔz]
solteirão (m)	зуда йоцург	[zud jotsurg]
divorciado (adj)	йитина	[jɪtɪn]
viúva (f)	жеро	[ʒerɔ]
viúvo (m)	жера-стаг	[ʒer stag]
parente (m)	гергара стаг	[gergar stag]
parente (m) próximo	юххера гергара стаг	[juher gergar stag]
parente (m) distante	генара гергара стаг	[genar gergar stag]
parentes (m pl)	гергара нах	[gergar nah]
órfão (m), órfã (f)	бо	[bɔ]
tutor (m)	верас	[weras]
adotar (um filho)	кӏантан хӏотта	[k'antan h'ɔtt]
adotar (uma filha)	йоьлан да хӏотта	[jø'an da h'ɔtt]

Medicina

47. Doenças

doença (f)	лазар	[lazar]
estar doente	цомгуш хила	[tsɔmguʃ hɪl]
saúde (f)	могушалла	[mɔguʃall]
nariz (m) escorrendo	шелвалар	[ʃəlvalar]
amigdalite (f)	ангина	[angɪn]
resfriado (m)	шелдалар	[ʃəldalar]
ficar resfriado	шелдала	[ʃəldal]
bronquite (f)	бронхит	[brɔnhɪt]
pneumonia (f)	пехашна хьу кхетар	[pehaʃn hu qetar]
gripe (f)	грипп	[grɪpp]
míope (adj)	бӀорзагал	[b'ɔrzagal]
presbita (adj)	генара гун	[genar gun]
estrabismo (m)	бӀаӀапа хилар	[b'aɣar hɪlar]
estrábico, vesgo (adj)	бӀаӀапа	[b'aɣar]
catarata (f)	бӀаьрган марха	[b'ærgan marh]
glaucoma (m)	глаукома	[glaukɔm]
AVC (m), apoplexia (f)	инсульт	[ɪnsuljt]
ataque (m) cardíaco	дог датӀар	[dɔg dat'ar]
enfarte (m) do miocárdio	миокардан инфаркт	[mɪɔkardan ɪnfarkt]
paralisia (f)	энаш лацар	[ɛnaʃ latsar]
paralisar (vt)	энаша лаца	[ɛnaʃ lats]
alergia (f)	аллергий	[allergɪː]
asma (f)	астма	[astm]
diabetes (f)	диабет	[dɪabet]
dor (f) de dente	цергийн лазар	[tsergɪːn lazar]
cárie (f)	кариес	[karɪes]
diarreia (f)	диарея	[dɪarej]
prisão (f) de ventre	чо юкъялар	[tʃɔ juq?jalar]
desarranjo (m) intestinal	чохьлазар	[tʃɔhlazar]
intoxicação (f) alimentar	отравлени	[ɔtravlenɪ]
intoxicar-se	кхачанан отравлени	[qatʃanan ɔtravlenɪ]
artrite (f)	артрит	[artrɪt]
raquitismo (m)	рахит-цамгар	[rahɪt tsamgar]
reumatismo (m)	энаш	[ɛnaʃ]
arteriosclerose (f)	атеросклероз	[aterɔsklerɔz]
gastrite (f)	гастрит	[gastrɪt]
apendicite (f)	сов йоьхь дестар	[sɔv jøh destar]

| colecistite (f) | холецистит | [holetsıstıt] |
| úlcera (f) | дал | [daʕ] |

sarampo (m)	кхартанаш	[qartanaʃ]
rubéola (f)	хьара	[har]
icterícia (f)	маждар	[maʒdar]
hepatite (f)	гепатит	[gepatıt]

esquizofrenia (f)	шизофрени	[ʃızofrenı]
raiva (f)	хьарадалар	[haradalar]
neurose (f)	невроз	[nevrɔz]
contusão (f) cerebral	хье лазор	[he lazɔr]

câncer (m)	дал	[daʕ]
esclerose (f)	склероз	[sklerɔz]
esclerose (f) múltipla	тидаме доцу	[tıdame dɔtsu]

alcoolismo (m)	алкоголан цамгар	[alkɔgɔlan tsamgar]
alcoólico (m)	алкоголхо	[alkɔgɔlho]
sífilis (f)	чӏурамцамгар	[tʃʼuramtsamgar]
AIDS (f)	СПИД	[spıd]

tumor (m)	дестар	[destar]
maligno (adj)	кхераме	[qerame]
benigno (adj)	зуламе доцу	[zulame dɔtsu]

febre (f)	хорша	[horʃ]
malária (f)	хорша	[horʃ]
gangrena (f)	гангрена	[gangren]
enjoo (m)	хӏорд хьахар	[hʼɔrd hahar]
epilepsia (f)	эпилепси	[ɛpılepsı]

epidemia (f)	ун	[un]
tifo (m)	тиф	[tıf]
tuberculose (f)	йовхарийн цамгар	[jovharı:n tsamgar]
cólera (f)	чоьнан ун	[tʃønan un]
peste (f) bubônica	лаьржа ун	[ˈærʒ un]

48. Sintomas. Tratamentos. Parte 1

sintoma (m)	билгало	[bılgalɔ]
temperatura (f)	температура	[temperatur]
febre (f)	лекха температур	[leq temperatur]
pulso (m)	синпха	[sınph]

vertigem (f)	корта хьовзар	[kɔrt hɔvzar]
quente (testa, etc.)	довха	[dɔvh]
calafrio (m)	шелона дегадар	[ʃelɔn degadar]
pálido (adj)	беда	[bed]

tosse (f)	йовхарш	[jovharʃ]
tossir (vi)	йовхарш етта	[jovharʃ ett]
espirrar (vi)	хьоршамаш детта	[hɔrʃamaʃ dett]
desmaio (m)	дог вон хилар	[dɔg vɔn hılar]

desmaiar (vi)	дог кӏадделла охьавожа	[dɔg k'addell ɔhavɔʒ]
mancha (f) preta	ӏаржdarг	['arʒdarg]
galo (m)	бӏара	[b'ar]
machucar-se (vr)	дӏакхета	[d'aqet]
contusão (f)	дӏатохар	[d'atɔhar]
machucar-se (vr)	дӏакхета	[d'aqet]
mancar (vi)	астагӏлелха	['astaɣlelh]
deslocamento (f)	чуьрдаккхар	[tʃurdakqar]
deslocar (vt)	чуьрдаккхар	[tʃurdakqar]
fratura (f)	кагдалар	[kagdalar]
fraturar (vt)	кагдар	[kagdar]
corte (m)	хадор	[hadɔr]
cortar-se (vr)	хада	[had]
hemorragia (f)	цӏий эхар	[ts'ɪː ɛhar]
queimadura (f)	дагор	[dagɔr]
queimar-se (vr)	даго	[dagɔ]
picar (vt)	ӏотта	['ɔtt]
picar-se (vr)	ӏоттадала	['ɔttadal]
lesionar (vt)	лазо	[lazɔ]
lesão (m)	лазор	[lazɔr]
ferida (f), ferimento (m)	чов	[tʃɔv]
trauma (m)	лазор	[lazɔr]
delirar (vi)	харц лен	[harts len]
gaguejar (vi)	толкха лен	[tɔlq len]
insolação (f)	малх хьахар	[malh hahar]

49. Sintomas. Tratamentos. Parte 2

dor (f)	лазар	[lazar]
farpa (no dedo, etc.)	сирхат	[sɪrhat]
suor (m)	хьацар	[hatsar]
suar (vi)	хьацар дала	[hatsar dal]
vômito (m)	ӏеттор	['ettɔr]
convulsões (f pl)	пхенаш озор	[phenaʃ ɔzɔr]
grávida (adj)	берахниг	[berahnɪg]
nascer (vi)	хила	[hɪl]
parto (m)	бер хилар	[ber hɪlar]
dar à luz	бер дар	[ber dar]
aborto (m)	аборт	[abɔrt]
respiração (f)	са дахар	[sa dahar]
inspiração (f)	са чуозар	[sa tʃuɔzar]
expiração (f)	са арахецар	[sa arahetsar]
expirar (vi)	са арахеца	[sa arahets]
inspirar (vi)	са чуоза	[sa tʃuɔz]
inválido (m)	заьӏапхо	[zæ'aphɔ]
aleijado (m)	заьӏапхо	[zæ'aphɔ]

drogado (m)	наркоман	[nɑrkɔmɑn]
surdo (adj)	къора	[qʔɔr]
mudo (adj)	мотт ца хуург	[mɔtt tsɑ huˈurg]
surdo-mudo (adj)	мотт ца хуург	[mɔtt tsɑ huˈurg]

louco, insano (adj)	хьерадьалла	[herɑdʲɑll]
louco (m)	хьераваьлларг	[herɑvællɑrg]
louca (f)	хьерайалларг	[herɑjɑllɑrg]
ficar louco	хьервалар	[hervɑlɑr]

gene (m)	ген	[gen]
imunidade (f)	иммунитет	[ɪmmunɪtet]
congênito (adj)	вешшехь хилла	[weʃəh hɪll]

vírus (m)	вирус	[wɪrus]
micróbio (m)	микроб	[mɪkrɔb]
bactéria (f)	бактери	[bɑkterɪ]
infecção (f)	инфекци	[ɪnfektsɪ]

50. Sintomas. Tratamentos. Parte 3

| hospital (m) | больница | [bɔljnɪts] |
| paciente (m) | пациент | [pɑtsɪent] |

diagnóstico (m)	диагноз	[dɪɑgnɔz]
cura (f)	дарбанаш лелор	[dɑrbɑnɑʃ lelɔr]
tratamento (m) médico	дарба лелор	[dɑrb lelɔr]
curar-se (vr)	дарбанаш лелор	[dɑrbɑnɑʃ lelɔr]
tratar (vt)	дарба лело	[dɑrb lelɔ]
cuidar (pessoa)	лело	[lelɔ]
cuidado (m)	лелор	[lelɔr]

operação (f)	этIор	[ɛtʼɔr]
enfaixar (vt)	дIадехка	[dˈɑdehk]
enfaixamento (m)	йоьхкург	[jøhkurg]

vacinação (f)	маха тохар	[mɑhɑ tɔhɑr]
vacinar (vt)	маха тоха	[mɑhɑ tɔh]
injeção (f)	маха тохар	[mɑhɑ tɔhɑr]
dar uma injeção	маха тоха	[mɑhɑ tɔh]

amputação (f)	ампутаци	[ɑmputɑtsɪ]
amputar (vt)	дIадаккха	[dˈɑdɑkq]
coma (f)	кома	[kɔm]
estar em coma	коме хила	[kɔme hɪl]
reanimação (f)	реанимаци	[reɑnɪmɑtsɪ]

recuperar-se (vr)	тодала	[tɔdɑl]
estado (~ de saúde)	хьал	[hɑl]
consciência (perder a ~)	кхетам	[qetɑm]
memória (f)	эс	[ɛs]

| tirar (vt) | дIадаккха | [dˈɑdɑkq] |
| obturação (f) | йома | [jɔm] |

obturar (vt)	йома йилла	[jom jıll]
hipnose (f)	гипноз	[gıpnɔz]
hipnotizar (vt)	гипноз ян	[gıpnɔz jan]

51. Médicos

médico (m)	лор	[lɔr]
enfermeira (f)	лорйиша	[lɔrjıʃ]
médico (m) pessoal	шен лор	[ʃən lɔr]
dentista (m)	дантист	[dantıst]
oculista (m)	окулист	[ɔkulıst]
terapeuta (m)	терапевт	[terapevt]
cirurgião (m)	хирург	[hırurg]
psiquiatra (m)	психиатр	[psıhıatr]
pediatra (m)	педиатр	[pedıatr]
psicólogo (m)	психолог	[psıhɔlɔg]
ginecologista (m)	гинеколог	[gınekɔlɔg]
cardiologista (m)	кардиолог	[kardıɔlɔg]

52. Medicina. Drogas. Acessórios

medicamento (m)	молха	[mɔlh]
remédio (m)	дарба	[darb]
receitar (vt)	дайх диена	[dajh dıen]
receita (f)	рецепт	[retsept]
comprimido (m)	буьртиг	[bʉrtıg]
unguento (m)	хьакхар	[haqar]
ampola (f)	ампула	[ampul]
solução, preparado (m)	микстура	[mıkstur]
xarope (m)	сироп	[sırɔp]
cápsula (f)	буьртиг	[bʉrtıg]
pó (m)	хIур	[h'ur]
atadura (f)	бинт	[bınt]
algodão (m)	бамба	[bamb]
iodo (m)	йод	[jod]
curativo (m) adesivo	белхьам	[belham]
conta-gotas (m)	пипетка	[pıpetk]
termômetro (m)	градусъюстург	[gradus?ʉsturg]
seringa (f)	маха	[mah]
cadeira (f) de rodas	гIудалкх	[ɣudalq]
muletas (f pl)	Iасанаш	['asanaʃ]
analgésico (m)	лаза ца войту молханаш	[laz tsa vɔjtu mɔlhanaʃ]
laxante (m)	чуьйнадохуьйтург	[ʧ̶ʉjnadɔhʉjturg]
álcool (m)	спирт	[spırt]
ervas (f pl) medicinais	дарбанан буц	[darbanan buts]
de ervas (chá ~)	бецан	[betsan]

HABITAT HUMANO

Cidade

53. Cidade. Vida na cidade

cidade (f)	гӏала	[ɣal]
capital (f)	нана-гӏала	[nan ɣal]
aldeia (f)	юрт	[jurt]
mapa (m) da cidade	гӏалин план	[ɣalɪn plan]
centro (m) da cidade	гӏалин юкъ	[ɣalɪn juqʔ]
subúrbio (m)	гӏалин йист	[ɣalɪn jɪst]
suburbano (adj)	гӏалин йистера	[ɣalɪn jɪster]
periferia (f)	гӏалин йист	[ɣalɪn jɪst]
arredores (m pl)	гӏалин гонахе	[ɣalɪn gɔnahe]
quarteirão (m)	квартал	[kvartal]
quarteirão (m) residencial	нах беха квартал	[nah beha kvartal]
tráfego (m)	лелар	[lelar]
semáforo (m)	светофор	[swetɔfɔr]
transporte (m) público	гӏалара транспорт	[ɣalar transport]
cruzamento (m)	галморзе	[galmɔrze]
faixa (f)	галморзе	[galmɔrze]
túnel (m) subterrâneo	лаьттан бухара дехьаволийла	[læʔttan buhar dehavɔlɪːl]
cruzar, atravessar (vt)	дехьа вала	[deh val]
pedestre (m)	гӏашло	[ɣaʃlɔ]
calçada (f)	тротуар	[trɔtuar]
ponte (f)	тӏай	[t'aj]
margem (f) do rio	хийист	[hɪːɪst]
fonte (f)	фонтан	[fɔntan]
alameda (f)	аллей	[allej]
parque (m)	беш	[beʃ]
bulevar (m)	бульвар	[buljvar]
praça (f)	майда	[majd]
avenida (f)	проспект	[prɔspekt]
rua (f)	урам	[uram]
travessa (f)	урамалг	[uramalg]
beco (m) sem saída	кӏажбухе	[k'aʒbuhe]
casa (f)	цӏа	[ts'a]
edifício, prédio (m)	гӏишло	[ɣɪʃlɔ]
arranha-céu (m)	стигал-бохь	[stɪgal bɔh]
fachada (f)	хьалхе	[halhe]

telhado (m)	тхов	[thov]
janela (f)	кор	[kɔr]
arco (m)	нартол	[nɑrtɔl]
coluna (f)	колонна	[kɔlɔn]
esquina (f)	маьииг	[mæ'ɪg]

vitrine (f)	витрина	[wɪtrɪn]
letreiro (m)	гойтург	[gɔjturg]
cartaz (do filme, etc.)	афиша	[afɪʃ]
cartaz (m) publicitário	рекламан плакат	[reklamɑn plakat]
painel (m) publicitário	рекламан у	[reklamɑn u]

lixo (m)	нехаш	[nehaʃ]
lata (f) de lixo	урна	[urn]
jogar lixo na rua	нехаш яржо	[nehaʃ jarʒɔ]
aterro (m) sanitário	нехаш дӏакхийсуьйла	[nehaʃ d'aqɪːsujl]

orelhão (m)	телефонан будка	[telefɔnan budk]
poste (m) de luz	фонаран зӏенар	[fɔnaran z'enar]
banco (m)	гӏант	[ɣant]

polícia (m)	полици	[pɔlɪts̱ɪ]
polícia (instituição)	полици	[pɔlɪts̱ɪ]
mendigo, pedinte (m)	сагӏадоьхург	[saɣadøhurg]
desabrigado (m)	цӏа доцу	[ts'a dɔts̱u]

54. Instituições urbanas

loja (f)	туька	[tʉk]
drogaria (f)	аптека	[aptek]
ótica (f)	оптика	[ɔptɪk]
centro (m) comercial	механ центр	[mehan ts̱entr]
supermercado (m)	супермаркет	[supermarket]

padaria (f)	сурсатийн туька	[sursatɪːn tʉk]
padeiro (m)	пурнхо	[purnhɔ]
pastelaria (f)	кондитерски	[kɔndɪterskɪ]
mercearia (f)	баккхал	[bakqal]
açougue (m)	жижиг духку туька	[ʒɪʒɪg duhku tʉk]

| fruteira (f) | хасстоьмийн туька | [hasstømɪːn tʉk] |
| mercado (m) | базар | [bazar] |

cafeteria (f)	кафе	[kafe]
restaurante (m)	ресторан	[restɔran]
bar (m)	йийн туька	[jɪːn tʉk]
pizzaria (f)	пиццерий	[pɪts̱erɪː]

salão (m) de cabeleireiro	парикмахерски	[parɪkmaherskɪ]
agência (f) dos correios	пошт	[pɔʃt]
lavanderia (f)	химцӏандар	[hɪmts'andar]
estúdio (m) fotográfico	фотоателье	[fɔtɔatelje]
sapataria (f)	мачийн туька	[matʃɪːn tʉk]
livraria (f)	книшкийн туька	[knɪʃkɪːn tʉk]

loja (f) de artigos esportivos	спортан туька	[sportan tuk]
costureira (m)	бедар таяр	[bedar tajar]
aluguel (m) de roupa	бедарийн прокат	[bedarɪ:n prɔkat]
videolocadora (f)	фильман прокат	[fɪljman prɔkat]
circo (m)	цирк	[tsɪrk]
jardim (m) zoológico	дийнатийн парк	[dɪ:natɪ:n park]
cinema (m)	кинотеатр	[kɪnɔteatr]
museu (m)	музей	[muzej]
biblioteca (f)	библиотека	[bɪblɪɔtek]
teatro (m)	театр	[teatr]
ópera (f)	опера	[ɔper]
boate (casa noturna)	буьйсанан клуб	[bujsanan klub]
cassino (m)	казино	[kazɪnɔ]
mesquita (f)	маьждиг	[mæʒdɪg]
sinagoga (f)	синагога	[sɪnagɔg]
catedral (f)	килс	[kɪls]
templo (m)	зиярат	[zɪjarat]
igreja (f)	килс	[kɪls]
faculdade (f)	институт	[ɪnstɪtut]
universidade (f)	университет	[unɪwersɪtet]
escola (f)	школа	[ʃkɔl]
prefeitura (f)	префектур	[prefektur]
câmara (f) municipal	мэри	[mɛrɪ]
hotel (m)	хьешийн цӀа	[heʃɪ:n ts'a]
banco (m)	банк	[bank]
embaixada (f)	векаллат	[wekallat]
agência (f) de viagens	турагенство	[turagenstvɔ]
agência (f) de informações	хаттараллин бюро	[hattarallɪn buro]
casa (f) de câmbio	хуьицийла	[huɪtsɪ:l]
metrô (m)	метро	[metrɔ]
hospital (m)	больница	[bɔljnɪts]
posto (m) de gasolina	бензин дутту колонка	[benzɪn duttu kɔlɔnk]
parque (m) de estacionamento	дӀахӀоттайойла	[d'ah'ɔttajɔjl]

55. Sinais

letreiro (m)	гойтург	[gɔjturg]
aviso (m)	тӀеязадар	[t'ejazdar]
cartaz, pôster (m)	плакат	[plakat]
placa (f) de direção	гойтург	[gɔjturg]
seta (f)	цамза	[tsamz]
aviso (advertência)	лардар	[lardar]
sinal (m) de aviso	дӀахьедар	[d'ahedar]
avisar, advertir (vt)	дӀахьедан	[d'ahedan]
dia (m) de folga	мукъа де	[muq? de]

horário (~ dos trens, etc.)	расписани	[raspɪsɑnɪ]
horário (m)	белхан сахьташ	[belhan sɑhtɑʃ]
BEM-VINDOS!	ДИКАНЦА ДОГИЙЛА!	[dɪkɑnts dɔɣɪːl]
ENTRADA	ЧУГОЙЛА	[ʧuɣɔjl]
SAÍDA	АРАДОЛИЙЛА	[arɑdɔlɪːl]
EMPURRE	ШЕГАРА	[ʃəgɑr]
PUXE	ШЕН ТIЕ	[ʃən t'e]
ABERTO	ДИЛЛИНА	[dɪllɪn]
FECHADO	КЪОВЛИНА	[qʔɔvlɪn]
MULHER	ЗУДАРИЙН	[zudɑrɪːn]
HOMEM	БОЖАРИЙН	[bɔʒɑrɪːn]
DESCONTOS	МАХ ТIЕРБАККХАР	[mah t'erbakqar]
SALDOS, PROMOÇÃO	ДОЬХКИНА ДIАДАККХАР	[dəhkɪn d'adakqar]
NOVIDADE!	КЕРЛАНИГ!	[kerlɑnɪg]
GRÁTIS	МАЬХЗА	[mæhz]
ATENÇÃO!	ЛАДОГIА!	[lɑdɔɣ]
NÃO HÁ VAGAS	МЕТТИГ ЯЦ	[mettɪg jɑts]
RESERVADO	ЦХЬАНАН ТIЕХЬ	[tshanan t'eh
	ЧIАГIЙИНА	ʧ'ɑɣjɪn]
ADMINISTRAÇÃO	АДМИНИСТРАЦИ	[admɪnɪstrɑtsɪ]
SOMENTE PESSOAL	ПЕРСОНАЛАН БЕ	[persɔnɑlɑn be]
AUTORIZADO		
CUIDADO CÃO FEROZ	ДЕРА ЖIАЬЛА	[der ʒ'æl]
PROIBIDO FUMAR!	ЦИГАЬРКА ОЗА	[tsɪgærk ɔz
	МЕГАШ ДАЦ!	megaʃ dats]
NÃO TOCAR	КУЬЙГАШ МА ДЕТТА!	[kujgaʃ ma dett]
PERIGOSO	КХЕРАМЕ	[qerame]
PERIGO	КХЕРАМ	[qeram]
ALTA TENSÃO	ЛАКХАРЧУ	[laqarʧu
	БУЛЛАМАН ТОК	bullaman tɔk]
PROIBIDO NADAR	ЛИЙЧА ЦА МЕГА	[lɪːʧ tsa meg]
COM DEFEITO	БОЛХ ЦА БО	[bɔlh tsa bɔ]
INFLAMÁVEL	ЦIЕ КХЕРАМЕ	[ts'e qerame]
PROIBIDO	ЦА МЕГА	[tsa meg]
ENTRADA PROIBIDA	ЧЕКХДАЛАР ЦА МЕГА	[ʧeqdalar tsa meg]
CUIDADO TINTA FRESCA	БАСАР ХЬАЬКХНА	[basar hæqn]

56. Transportes urbanos

ônibus (m)	автобус	[avtɔbus]
bonde (m) elétrico	трамвай	[tramvaj]
trólebus (m)	троллейбус	[trɔllejbus]
rota (f), itinerário (m)	маршрут	[marʃrut]
número (m)	номер	[nɔmer]
ir de ... (carro, etc.)	даха	[dah]

| entrar no … | тlexaa | [t'eha'a] |
| descer do … | охьадосса | [ohadoss] |

parada (f)	социйла	[sotsı:l]
próxima parada (f)	роrlepa социйла	[royer sotsı:l]
terminal (m)	тlаьххьара социйла	[t'æhar sotsı:l]
horário (m)	расписани	[raspısanı]
esperar (vt)	хьежа	[heʒ]

| passagem (f) | билет | [bılet] |
| tarifa (f) | билетан мах | [bıletan mah] |

bilheteiro (m)	кассир	[kassır]
controle (m) de passagens	контроль	[kontrolj]
revisor (m)	контролёр	[kontrolʲor]

atrasar-se (vr)	тlаьхьадиса	[t'æhadıs]
perder (o autocarro, etc.)	тlаьхьадиса	[t'æhadıs]
estar com pressa	сихадала	[sıhadal]

táxi (m)	такси	[taksı]
taxista (m)	таксист	[taksıst]
de táxi (ir ~)	таксин тlехь	[taksın t'eh]
ponto (m) de táxis	такси дlахlоттайойла	[taksı d'ah'ottajojl]
chamar um táxi	таксига кхайкха	[taksıg qajq]
pegar um táxi	такси лаца	[taksı lats]

tráfego (m)	урамашкахула лелар	[uramaʃkahul lelar]
engarrafamento (m)	дlадукъар	[d'aduq?ar]
horas (f pl) de pico	юкъэлла хан	[juq?ell han]
estacionar (vi)	машина дlахlоттар	[maʃın d'ah'ottar]
estacionar (vt)	машина дlахlотто	[maʃın d'ah'otto]
parque (m) de estacionamento	дlахlоттайойла	[d'ah'ottajojl]

metrô (m)	метро	[metro]
estação (f)	станци	[stantsı]
ir de metrô	метрохь ваха	[metroh vah']
trem (m)	цlерпошт	[ts'erpoʃt]
estação (f) de trem	вокзал	[vokzal]

57. Turismo

monumento (m)	хlоллам	[h'ollam]
fortaleza (f)	гlап	[ɣap]
palácio (m)	гlала	[ɣal]
castelo (m)	гlала	[ɣal]
torre (f)	бlов	[b'ov]
mausoléu (m)	мавзолей	[mavzolej]

arquitetura (f)	архитектура	[arhıtektur]
medieval (adj)	юккъерчу бlешерийн	[jukq?ertʃu b'eʃərı:n]
antigo (adj)	тамашена	[tamaʃən]
nacional (adj)	къаьмнийн	[q?æmnı:n]
famoso, conhecido (adj)	гlарадаьлла	[ɣaradæll]

turista (m)	турист	[turɪst]
guia (pessoa)	гид	[gɪd]
excursão (f)	экскурси	[ɛkskursɪ]
mostrar (vt)	гайта	[gajt]
contar (vt)	дийца	[dɪːts]
encontrar (vt)	каро	[karɔ]
perder-se (vr)	дан	[dan]
mapa (~ do metrô)	схема	[shem]
mapa (~ da cidade)	план	[plan]
lembrança (f), presente (m)	совгІат	[sɔvɣat]
loja (f) de presentes	совгІатан туька	[sɔvɣatan tʉk]
tirar fotos, fotografar	сурт даккха	[surt dakq]
fotografar-se (vr)	сурт даккхийта	[surt dakqɪːt]

58. Compras

comprar (vt)	эца	[ɛts]
compra (f)	эцар	[ɛtsar]
fazer compras	х1уманаш эца	[humanaʃ ɛts]
compras (f pl)	эцар	[ɛtsar]
estar aberta (loja)	болх бан	[bɔlh ban]
estar fechada	дІакъовла	[d'aqʔɔvl]
calçado (m)	мача	[matʃ]
roupa (f)	бедар	[bedar]
cosméticos (m pl)	косметика	[kɔsmetɪk]
alimentos (m pl)	сурсаташ	[sursataʃ]
presente (m)	совгІат	[sɔvɣat]
vendedor (m)	йохкархо	[johkarhɔ]
vendedora (f)	йохкархо	[johkarhɔ]
caixa (f)	касса	[kass]
espelho (m)	куьзга	[kʉzg]
balcão (m)	гІопаста	[ɣɔpast]
provador (m)	примерочни	[prɪmerɔtʃnɪ]
provar (vt)	тІедуьйхина хьажа	[t'edʉjhɪn haʒ]
servir (roupa, caber)	гІехьа хила	[ɣeh hɪl]
gostar (apreciar)	хазахета	[hazahet]
preço (m)	мах	[mah]
etiqueta (f) de preço	махло	[mahlɔ]
custar (vt)	деха	[deh]
Quanto?	ХІун доккху?	[h'un dɔkqu]
desconto (m)	тІерадаккхар	[t'eradakqar]
não caro (adj)	деза доцу	[dez dɔtsu]
barato (adj)	дораха	[dɔrah]
caro (adj)	деза	[dez]
É caro	Иза механ деза ду.	[ɪz mehan dez du]

aluguel (m)	прокат	[prɔkat]
alugar (roupas, etc.)	прокатан схьаэца	[prɔkatan shaəts]
crédito (m)	кредит	[kredɪt]
a crédito	кредитан	[kredɪtan]

59. Dinheiro

dinheiro (m)	ахча	[ahtʃ]
câmbio (m)	хийцар	[hɪːtsar]
taxa (f) de câmbio	мах	[mah]
caixa (m) eletrônico	банкомат	[bankɔmat]
moeda (f)	ахча	[ahtʃ]

| dólar (m) | доллар | [dɔllar] |
| euro (m) | евро | [evrɔ] |

lira (f)	лира	[lɪr]
marco (m)	марка	[mark]
franco (m)	франк	[frank]
libra (f) esterlina	стерлингийн фунт	[sterlɪngɪːn funt]
iene (m)	йена	[jen]

dívida (f)	декхар	[deqar]
devedor (m)	декхархо	[deqarhɔ]
emprestar (vt)	юхалург дала	[juhalurg dal]
pedir emprestado	юхалург эца	[juhalurg ɛts]

banco (m)	банк	[bank]
conta (f)	счёт	[stʃot]
depositar na conta	счёт тӀедилла	[stʃot t'edɪll]
sacar (vt)	счёт тӀера схьаэца	[stʃot t'er sha'ɛts]

cartão (m) de crédito	кредитан карта	[kredɪtan kart]
dinheiro (m) vivo	карахь долу ахча	[karah dɔlu ahtʃ]
cheque (m)	чек	[tʃek]
passar um cheque	чёт язъян	[tʃot jaz?jan]
talão (m) de cheques	чекан книшка	[tʃekan knɪʃk]

carteira (f)	бумаьштиг	[bumæʃtɪg]
niqueleira (f)	бохча	[bɔhtʃ]
cofre (m)	сейф	[sejf]

herdeiro (m)	верас	[weras]
herança (f)	диснарг	[dɪsnarg]
fortuna (riqueza)	бахам	[baham]

arrendamento (m)	аренда	[arend]
aluguel (pagar o ~)	петаран мах	[petaran mah]
alugar (vt)	лаца	[lats]

preço (m)	мах	[mah]
custo (m)	мах	[mah]
soma (f)	жамӀ	[ʒam']
gastar (vt)	дайа	[daj]

gastos (m pl)	харжаш	[harʒaʃ]
economizar (vi)	довзо	[dɔvzɔ]
econômico (adj)	девзаш долу	[devzaʃ dɔlu]

pagar (vt)	ахча дала	[ahtʃ dal]
pagamento (m)	алапа далар	[alap dalar]
troco (m)	юхадоɡlург	[juhadɔɣurg]

imposto (m)	налог	[nalɔg]
multa (f)	гlуда	[ɣud]
multar (vt)	гlуда тоха	[ɣud tɔh]

60. Correios. Serviço postal

agência (f) dos correios	пошт	[pɔʃt]
correio (m)	пошт	[pɔʃt]
carteiro (m)	почтальон	[pɔtʃtalʲɔn]
horário (m)	белхан сахьташ	[belhan sahtaʃ]

carta (f)	кехат	[kehat]
carta (f) registada	заказ дина кехат	[zakaz dɪn kehat]
cartão (m) postal	открытк	[ɔtkrɪtk]
telegrama (m)	телеграмма	[telegramm]
encomenda (f)	посылка	[pɔsɪlk]
transferência (f) de dinheiro	дlатесна ахча	[dʲatesn ahtʃ]

receber (vt)	схьаэца	[shaəts]
enviar (vt)	дlадахьийта	[dʲadahɪːt]
envio (m)	дlадахьийтар	[dʲadahɪːtar]

endereço (m)	адрес	[adres]
código (m) postal	индекс	[ɪndeks]
remetente (m)	дlадахьийтинарг	[dʲadahɪːtɪnarg]
destinatário (m)	схьаэцархо	[shaətsarhɔ]

| nome (m) | цlе | [tsʼe] |
| sobrenome (m) | фамили | [famɪlɪ] |

tarifa (f)	тариф	[tarɪf]
ordinário (adj)	гуттарлера	[guttarler]
econômico (adj)	кхоаме	[qɔame]

peso (m)	дозалла	[dɔzall]
pesar (estabelecer o peso)	оза	[ɔz]
envelope (m)	ботт	[bɔtt]
selo (m) postal	марка	[mark]

Moradia. Casa. Lar

61. Casa. Eletricidade

eletricidade (f)	электричество	[ɛlektrɪʧestvɔ]
lâmpada (f)	лампа	[lamp]
interruptor (m)	дlаяйоург	[d'ajajourg]
fusível, disjuntor (m)	тIус	[t'us]
fio, cabo (m)	capa	[sar]
instalação (f) elétrica	далор	[dalɔr]
medidor (m) de eletricidade	лорург	[lɔrurg]
indicação (f), registro (m)	гайтам	[gajtam]

62. Moradia. Mansão

casa (f) de campo	гlалил ара цlа	[ɣalɪl 'ar ts'a]
vila (f)	вилла	[wɪll]
ala (~ do edifício)	арlо	['aɣɔ]
jardim (m)	хасбеш	[hasbeʃ]
parque (m)	беш	[beʃ]
estufa (f)	оранжерей	[ɔranʒerej]
cuidar de …	lалашдан	['alaʃdan]
piscina (f)	бассейн	[bassejn]
academia (f) de ginástica	спортан зал	[spɔrtan zal]
quadra (f) de tênis	теннисан корт	[tenɪsan kɔrt]
cinema (m)	кинотеатр	[kɪnɔteatr]
garagem (f)	гараж	[garaʒ]
propriedade (f) privada	долара хьал	[dɔlar hal]
terreno (m) privado	долара хьал	[dɔlar hal]
advertência (f)	дlахьедар	[d'ahedar]
sinal (m) de aviso	дlахьедаран йоза	[d'ahedaran joz]
guarda (f)	ха	[h]
guarda (m)	хехо	[heho]
alarme (m)	хаамбийриг	[ha:mbɪːrɪg]

63. Apartamento

apartamento (m)	петар	[petar]
quarto, cômodo (m)	чоь	[ʧø]
quarto (m) de dormir	дуьйшу чоь	[dʉjʃu ʧø]

sala (f) de jantar	столови	[stɔlɔwɪ]
sala (f) de estar	хьешан цӏа	[heʃan ts'a]
escritório (m)	кабинет	[kabɪnet]

sala (f) de entrada	сени	[senɪ]
banheiro (m)	ваннан чоь	[vannan ʧø]
lavabo (m)	хьаштаᴦла	[haʃtaɣ]

teto (m)	тхов	[thov]
chão, piso (m)	цӏенкъа	[ts'enqʔ]
canto (m)	са	[s]

64. Mobiliário. Interior

mobiliário (m)	мебель	[mebelj]
mesa (f)	стол	[stɔl]
cadeira (f)	гӏант	[ɣant]
cama (f)	маьнга	[mæng]

| sofá, divã (m) | диван | [dɪvan] |
| poltrona (f) | кресло | [kreslɔ] |

| estante (f) | шкаф | [ʃkaf] |
| prateleira (f) | терхи | [terhɪ] |

guarda-roupas (m)	шкаф	[ʃkaf]
cabide (m) de parede	бедаршъухкург	[bedarʃʔuhkurg]
cabideiro (m) de pé	бедаршъухкург	[bedarʃʔuhkurg]

| cômoda (f) | комод | [kɔmɔd] |
| mesinha (f) de centro | журналан стол | [ʒurnalan stɔl] |

espelho (m)	куьзга	[kʉzg]
tapete (m)	куз	[kuz]
tapete (m) pequeno	кузан цуьрг	[kuzan tsʉrg]

lareira (f)	товха	[tɔvh]
vela (f)	чӏурам	[ʧ'uram]
castiçal (m)	чӏурамхӏотторг	[ʧ'uramhɔttɔrg]

cortinas (f pl)	штораш	[ʃtɔraʃ]
papel (m) de parede	обойш	[ɔbɔjʃ]
persianas (f pl)	жалюзаш	[ʒalʉzaʃ]

| luminária (f) de mesa | стоьла тӏе хӏотто лампа | [støl t'e h'ɔttɔ lamp] |
| luminária (f) de parede | къуьда | [qʔʉd] |

| abajur (m) de pé | торшер | [tɔrʃər] |
| lustre (m) | люстра | [lʉstr] |

pé (de mesa, etc.)	ког	[kɔg]
braço, descanso (m)	гӏолаᴦӏорторг	[gɔlaɣɔrtɔrg]
costas (f pl)	букъ	[buqʔ]
gaveta (f)	яьшка	[jæʃk]

65. Quarto de dormir

roupa (f) de cama	чухулаюху хlуманаш	[ʧuhulajuhu h'umanaʃ]
travesseiro (m)	гlайба	[ɣajb]
fronha (f)	лоччар	[lɔʧar]
cobertor (m)	юргla	[jurɣ]
lençol (m)	шаршу	[ʃarʃu]
colcha (f)	меттан шаршу	[mettan ʃarʃu]

66. Cozinha

cozinha (f)	кухни	[kuhnɪ]
gás (m)	газ	[gaz]
fogão (m) a gás	газан плита	[gazan plɪt]
fogão (m) elétrico	электрически плита	[ɛlektrɪʧeskɪ plɪt]
forno (m)	духовка	[duhovk]
forno (m) de micro-ondas	микроволнови пеш	[mɪkrɔvɔlnɔwɪ peʃ]
geladeira (f)	шелиг	[ʃəlɪg]
congelador (m)	морозильник	[mɔrɔzɪljnɪk]
máquina (f) de lavar louça	пхьеrlаш йулу машина	[pheɣaʃ julu maʃɪn]
moedor (m) de carne	жижигъохьург	[ʒɪʒɪgʔɔhurg]
espremedor (m)	муттадоккхург	[muttadɔkqurg]
torradeira (f)	тостер	[tɔster]
batedeira (f)	миксер	[mɪkser]
máquina (f) de café	къахьокхехкорг	[qʔahɔqehkɔrg]
cafeteira (f)	къахьокхехкорг	[qʔahɔqehkɔrg]
moedor (m) de café	къахьоахьарг	[qʔahɔaharg]
chaleira (f)	чайник	[ʧajnɪk]
bule (m)	чайник	[ʧajnɪk]
tampa (f)	неrlап	[neɣar]
coador (m) de chá	цаца	[tsats]
colher (f)	lайг	['ajg]
colher (f) de chá	стаканан lайг	[stakanan 'ajg]
colher (f) de sopa	аьчка lайг	['æʧk 'ajg]
garfo (m)	мlара	[m'ar]
faca (f)	урс	[urs]
louça (f)	пхьеrlаш	[pheɣaʃ]
prato (m)	бошхап	[bɔʃhap]
pires (m)	бошхап	[bɔʃhap]
cálice (m)	рюмка	[rumk]
copo (m)	стака	[stak]
xícara (f)	кад	[kad]
açucareiro (m)	шекардухкург	[ʃəkarduhkurg]
saleiro (m)	туьхадухкург	[tuhaduhkurg]
pimenteiro (m)	бурчъюхкург	[burʧʔuhkurg]

manteigueira (f)	даьттадуьллург	[dættadullurg]
panela (f)	яй	[jaj]
frigideira (f)	зайла	[zajl]
concha (f)	чами	[tʃamɪ]
coador (m)	луьттар	[lʉttar]
bandeja (f)	хедар	[hedar]
garrafa (f)	шиша	[ʃɪʃ]
pote (m) de vidro	банка	[bank]
lata (~ de cerveja)	банка	[bank]
abridor (m) de garrafa	схьадоьллург	[shadøllurg]
abridor (m) de latas	схьадоьллург	[shadøllurg]
saca-rolhas (m)	штопор	[ʃtopor]
filtro (m)	луьттург	[lʉtturg]
filtrar (vt)	литта	[ɪtt]
lixo (m)	нехаш	[nehaʃ]
lixeira (f)	нехийн ведар	[nehɪːn wedar]

67. Casa de banho

banheiro (m)	ваннан чоь	[vannan tʃø]
água (f)	хи	[hɪ]
torneira (f)	кран	[kran]
água (f) quente	довха хи	[dɔvha hɪ]
água (f) fria	шийла хи	[ʃɪːl hɪ]
pasta (f) de dente	цергийн паста	[tsergɪːn past]
escovar os dentes	цергаш цӏанъян	[tsergaʃ ts'an?jan]
barbear-se (vr)	даша	[daʃ]
espuma (f) de barbear	чопа	[tʃɔp]
gilete (f)	урс	[urs]
lavar (vt)	дила	[dɪl]
tomar banho	дила	[dɪl]
chuveiro (m), ducha (f)	душ	[duʃ]
tomar uma ducha	лийча	[ɪːtʃ]
banheira (f)	ванна	[van]
vaso (m) sanitário	унитаз	[unɪtaz]
pia (f)	раковина	[rakɔwɪn]
sabonete (m)	саба	[sab]
saboneteira (f)	сабадуьллург	[sabadullurg]
esponja (f)	худург	[hudurg]
xampu (m)	шампунь	[ʃampunj]
toalha (f)	гата	[gat]
roupão (m) de banho	оба	[ɔb]
lavagem (f)	диттар	[dɪttar]
lavadora (f) de roupas	хӏуманаш юьтту машина	[h'umanaʃ juttu maʃɪn]

| lavar a roupa | чухулаюху хӏуманаш йитта | [tʃuhulajuhu h'umanaʃ jitt] |
| detergente (m) | хӏуманаш юьтту порошок | [h'umanaʃ juttu porɔʃɔk] |

68. Eletrodomésticos

televisor (m)	телевизор	[telewɪzɔr]
gravador (m)	магнитофон	[magnɪtɔfɔn]
videogravador (m)	видеомагнитофон	[wɪdeɔmagnɪtɔfɔn]
rádio (m)	приёмник	[prɪʲomnɪk]
leitor (m)	плеер	[plɛ'er]
projetor (m)	видеопроектор	[wɪdeɔprɔektɔr]
cinema (m) em casa	цӏахь лело кинотеатр	[ts'ah lelɔ kɪnɔteatr]
DVD Player (m)	DVD гойтург	[dɪwɪdɪ gɔjturg]
amplificador (m)	чӏарӏдийриг	[tʃ'aɣdɪːrɪg]
console (f) de jogos	ловзаран приставка	[lɔvzaran prɪstavk]
câmera (f) de vídeo	видеокамера	[wɪdeɔkamer]
máquina (f) fotográfica	фотоаппарат	[fotoapparat]
câmera (f) digital	цифровой фотоаппарат	[tsɪfrɔvɔj fotoapparat]
aspirador (m)	чанъузург	[tʃanʔuzurg]
ferro (m) de passar	иту	[ɪtu]
tábua (f) de passar	иту хьокху у	[ɪtu hɔqu u]
telefone (m)	телефон	[telefɔn]
celular (m)	мобильни телефон	[mɔbɪljnɪ telefɔn]
máquina (f) de escrever	зорба туху машина	[zɔrb tuhu maʃɪn]
máquina (f) de costura	чарх	[tʃarh]
microfone (m)	микрофон	[mɪkrɔfɔn]
fone (m) de ouvido	ладугӏургаш	[laduɣurgaʃ]
controle remoto (m)	пульт	[puljt]
CD (m)	компакт-диск	[kɔmpakt dɪsk]
fita (f) cassete	кассета	[kasset]
disco (m) de vinil	пластинка	[plastɪnk]

ATIVIDADES HUMANAS

Emprego. Negócios. Parte 1

69. Escritório. O trabalho no escritório

escritório (~ de advogados)	офис	[ɔfɪs]
escritório (do diretor, etc.)	кабинет	[kabɪnet]
recepção (f)	ресепшн	[resepʃn]
secretário (m)	секретарь	[sekretarʲ]
diretor (m)	директор	[dɪrektɔr]
gerente (m)	менеджер	[menedʒer]
contador (m)	бухгалтер	[buhgalter]
empregado (m)	къинхьегамча	[qʔɪnhegamtʃ]
mobiliário (m)	мебель	[mebelj]
mesa (f)	стол	[stɔl]
cadeira (f)	кресло	[kreslɔ]
gaveteiro (m)	тумбочка	[tumbɔtʃk]
cabideiro (m) de pé	бедаршъухкург	[bedarʃʔuhkurg]
computador (m)	компьютер	[kɔmpjuter]
impressora (f)	принтер	[prɪnter]
fax (m)	факс	[faks]
fotocopiadora (f)	копи йоккху аппарат	[kɔpɪ jokqu apparat]
papel (m)	кехат	[kehat]
artigos (m pl) de escritório	канцелярин гӀирс	[kantseljarɪn ɣɪrs]
tapete (m) para mouse	кузан цуьрг	[kuzan tsurg]
folha (f)	кехат	[kehat]
pasta (f)	папка	[papk]
catálogo (m)	каталог	[katalɔg]
lista (f) telefônica	справочник	[spravɔtʃnɪk]
documentação (f)	документаш	[dɔkumentaʃ]
brochura (f)	брошюра	[brɔʃur]
panfleto (m)	кехат	[kehat]
amostra (f)	кеп	[kep]
formação (f)	ламор	['amɔr]
reunião (f)	кхеташо	[qetaʃɔ]
hora (f) de almoço	делкъана садалар	[delqʔan sada'ar]
fazer uma cópia	копи яккха	[kɔpɪ jakq]
tirar cópias	даржо	[darʒɔ]
receber um fax	факс схьаэца	[faks shaəts]
enviar um fax	факс дӀайахьийта	[faks d'ajahːt]
fazer uma chamada	тоха	[tɔh]

| responder (vt) | жоп дала | [ʒɔp dal] |
| passar (vt) | зlе таса | [z'e tas] |

marcar (vt)	билгалдан	[bɪlgaldan]
demonstrar (vt)	демонстраци ян	[demɔnstraʦɪ jan]
estar ausente	ца хила	[ʦa hɪl]
ausência (f)	чекхдалийтар	[ʧeqdalɪːtar]

70. Processos negociais. Parte 1

ocupação (f)	гlуллакх	[ɣullaq]
firma, empresa (f)	фирма	[fɪrm]
companhia (f)	компани	[kɔmpanɪ]
corporação (f)	корпораци	[kɔrpɔraʦɪ]
empresa (f)	предприяти	[predprɪjatɪ]
agência (f)	агенство	[agenstvɔ]

acordo (documento)	барт	[bart]
contrato (m)	чlarlam	[ʧ'aɣam]
acordo (transação)	барт	[bart]
pedido (m)	заказ	[zakaz]
termos (m pl)	биллам	[bɪllam]

por atacado	тубпахь	[tupah]
por atacado (adj)	тубпахь	[tupah]
venda (f) por atacado	тубпахь дохка	[tupah dɔhk]
a varejo	дустуш духку	[dustuʃ duhku]
venda (f) a varejo	узуш дохка	[uzuʃ dɔhk]

concorrente (m)	къийсархо	[qʔɪːsarhɔ]
concorrência (f)	къийсам	[qʔɪːsam]
competir (vi)	къийса	[qʔɪːs]

| sócio (m) | декъашхо | [deqʔaʃhɔ] |
| parceria (f) | дакъа лацар | [daqʔ laʦar] |

crise (f)	кризис	[krɪzɪs]
falência (f)	банкрот хилар	[bankrɔt hɪlar]
entrar em falência	декхарлахь диса	[deqarlah dɪs]
dificuldade (f)	хало	[halɔ]
problema (m)	проблема	[prɔblem]
catástrofe (f)	ирча бохам	[irʧ bɔham]

economia (f)	экономика	[ɛkɔnɔmɪk]
econômico (adj)	экономикин	[ɛkɔnɔmɪkɪn]
recessão (f) econômica	экономикин лахдалар	[ɛkɔnɔmɪkɪn lahdalar]

| objetivo (m) | lалашо | ['alaʃɔ] |
| tarefa (f) | декхар | [deqar] |

comerciar (vi, vt)	мах лело	[mah lelɔ]
rede (de distribuição)	тубкнаш	[tuknaʃ]
estoque (m)	склад	[sklad]
sortimento (m)	ассортимент	[assɔrtɪment]

líder (m)	лидер	[lɪder]
grande (~ empresa)	доккха	[dɔkq]
monopólio (m)	монополи	[mɔnɔpɔlɪ]

teoria (f)	теори	[teɔrɪ]
prática (f)	практика	[praktɪk]
experiência (f)	зеделларг	[zedellarg]
tendência (f)	тенденци	[tendentsɪ]
desenvolvimento (m)	кхиам	[qɪam]

71. Processos negociais. Parte 2

| rentabilidade (f) | пайда | [pajd] |
| rentável (adj) | пайдан | [pajdan] |

delegação (f)	векалш	[wekalʃ]
salário, ordenado (m)	белхан алапа	[belhan alap]
corrigir (~ um erro)	нисдан	[nɪsdan]
viagem (f) de negócios	командировка	[kɔmandɪrɔvk]
comissão (f)	комисси	[kɔmɪssɪ]

controlar (vt)	тlехьажа	[t'ehaʒ]
conferência (f)	конференци	[kɔnferentsɪ]
licença (f)	лицензи	[lɪtsenzɪ]
confiável (adj)	тешаме	[teʃame]

empreendimento (m)	дlадолор	[d'adɔlɔr]
norma (f)	барам	[baram]
circunstância (f)	хьал	[hal]
dever (do empregado)	декхар	[deqar]

empresa (f)	организаци	[ɔrganɪzatsɪ]
organização (f)	вовшахтохар	[vɔvʃahtɔhar]
organizado (adj)	вовшахкхетта	[vɔvʃahqett]
anulação (f)	дlадаккхар	[d'adakqar]
anular, cancelar (vt)	дlадаккха	[d'adakq]
relatório (m)	отчёт	[ɔttʃʼot]

patente (f)	патент	[patent]
patentear (vt)	патент ян	[patent jan]
planejar (vt)	план хlотто	[plan h'ɔttɔ]

bônus (m)	совгlат	[sɔvɣat]
profissional (adj)	корматаллин	[kɔrmatallɪn]
procedimento (m)	кеп	[kep]

examinar (~ a questão)	къасто	[q?astɔ]
cálculo (m)	ларар	[larar]
reputação (f)	репутаци	[reputatsɪ]
risco (m)	кхерам	[qeram]

dirigir (~ uma empresa)	куьйгаллз дан	[kujgallz dan]
informação (f)	хабар	[habar]
propriedade (f)	долалла	[dɔlall]

união (f)	барт	[bart]
seguro (m) de vida	дахаран страховани яр	[daharan strahovanı jar]
fazer um seguro	страховани ян	[strahovanı jan]
seguro (m)	страховка	[strahovk]

leilão (m)	кхайкхош дохкар	[qajqoʃ dohkar]
notificar (vt)	дӀахаийта	[d'ahaı:t]
gestão (f)	лелор	[lelor]
serviço (indústria de ~s)	гӀуллакх	[ɣullaq]

fórum (m)	гулам	[gulam]
funcionar (vi)	болх бан	[bolh ban]
estágio (m)	мур	[mur]
jurídico, legal (adj)	юридически	[jurıdıtʃeskı]
advogado (m)	юрист	[jurıst]

72. Produção. Trabalhos

usina (f)	завод	[zavod]
fábrica (f)	фабрика	[fabrık]
oficina (f)	цех	[tseh]
local (m) de produção	производство	[proızvodstvo]

indústria (f)	промышленность	[promıʃlenost[i]]
industrial (adj)	промышленни	[promıʃlenı]
indústria (f) pesada	еза промышленность	[ez promıʃlenost[i]]
indústria (f) ligeira	яйн промышленность	[jajn promıʃlenost[i]]

produção (f)	сурсат	[sursat]
produzir (vt)	дан	[dan]
matérias-primas (f pl)	аьргалла	[ærgall]

chefe (m) de obras	бригадир	[brıgadır]
equipe (f)	бригада	[brıgad]
operário (m)	белхало	[belhalo]

dia (m) de trabalho	белхан де	[belhan de]
intervalo (m)	садаӀар	[sada'ar]
reunião (f)	гулам	[gulam]
discutir (vt)	дийцаре дилла	[dı:tsare dıll]

plano (m)	план	[plan]
cumprir o plano	план кхочушян	[plan qotʃuʃan]
taxa (f) de produção	барам	[baram]
qualidade (f)	дикалла	[dıkall]
controle (m)	контроль	[kontrolj]
controle (m) da qualidade	дикаллан контроль	[dıkallan kontrolj]

segurança (f) no trabalho	белхан кхерамзалла	[belhan qeramzall]
disciplina (f)	низам	[nızam]
infração (f)	дохор	[dohor]
violar (as regras)	дохо	[doho]
greve (f)	забастовка	[zabastovk]
grevista (m)	забастовкахо	[zabastovkaho]

| estar em greve | забастовка ян | [zabastɔvk jan] |
| sindicato (m) | профсоюз | [prɔfsɔjuz] |

inventar (vt)	кхолла	[qɔll]
invenção (f)	кхоллар	[qɔllar]
pesquisa (f)	таллар	[tallar]
melhorar (vt)	тадан	[tadan]
tecnologia (f)	технологи	[tehnɔlɔgɪ]
desenho (m) técnico	чертёж	[tʃertˈɔʒ]

carga (f)	мохь	[mɔh]
carregador (m)	киранча	[kɪrantʃ]
carregar (o caminhão, etc.)	тӏедотта	[tˈedɔtt]
carregamento (m)	тӏедоттар	[tˈedɔttar]
descarregar (vt)	дассо	[dassɔ]
descarga (f)	дассор	[dassɔr]

transporte (m)	транспорт	[transpɔrt]
companhia (f) de transporte	транспортан компани	[transpɔrtan kɔmpanɪ]
transportar (vt)	дӏакхехьа	[dˈaqeh]

vagão (m) de carga	вагон	[vagɔn]
tanque (m)	цистерна	[tsɪstern]
caminhão (m)	киранийн машина	[kɪranɪːn maʃɪn]

| máquina (f) operatriz | станок | [stanɔk] |
| mecanismo (m) | механизм | [mehanɪzm] |

resíduos (m pl) industriais	даххаш	[dahaʃ]
embalagem (f)	дӏахьарчор	[dˈahartʃɔr]
embalar (vt)	дӏахьарчо	[dˈahartʃɔ]

73. Contrato. Acordo

contrato (m)	чӏагӏам	[tʃˈaɣam]
acordo (m)	барт	[bart]
adendo, anexo (m)	тӏедалар	[tˈedalar]

assinar o contrato	чӏагӏам бан	[tʃˈaɣam ban]
assinatura (f)	куьг	[kʉg]
assinar (vt)	куьг тало	[kʉg taˈɔ]
carimbo (m)	мухӏар	[muhˈar]

objeto (m) do contrato	договаран хӏума	[dɔgɔvaran hˈum]
cláusula (f)	пункт	[punkt]
partes (f pl)	арӏонаш	[ˈaɣɔnaʃ]
domicílio (m) legal	юридически адрес	[jurɪdɪtʃeskɪ adres]

violar o contrato	контракт дохо	[kɔntrakt dɔho]
obrigação (f)	тӏелацам	[tˈelatsam]
responsabilidade (f)	жоьпалла	[ʒøpall]
força (f) maior	форс-мажор	[fɔrs maʒɔr]
litígio (m), disputa (f)	къовсам	[qʔɔvsam]
multas (f pl)	гӏуданан санкциш	[ɣudanan sanktsɪʃ]

74. Importação & Exportação

importação (f)	импорт	[ɪmpɔrt]
importador (m)	импортхо	[ɪmpɔrtho]
importar (vt)	импорт ян	[ɪmpɔrt jan]
de importação	импортан	[ɪmpɔrtan]
exportador (m)	экспортхо	[ɛkspɔrtho]
exportar (vt)	экспорт ян	[ɛkspɔrt jan]
mercadoria (f)	товар	[tɔvar]
lote (de mercadorias)	жут	[ʒut]
peso (m)	дозалла	[dɔzall]
volume (m)	дукхалла	[duqall]
metro (m) cúbico	кубически метр	[kubɪʧeskɪ metr]
produtor (m)	арахоьцург	[arahøʦurg]
companhia (f) de transporte	транспортан компани	[transpɔrtan kɔmpanɪ]
contêiner (m)	контейнер	[kɔntejner]
fronteira (f)	доза	[dɔz]
alfândega (f)	таможни	[tamɔʒnɪ]
taxa (f) alfandegária	таможнин ял	[tamɔʒnɪn jal]
funcionário (m) da alfândega	таможхо	[tamɔʒho]
contrabando (atividade)	контрабанда	[kɔntraband]
contrabando (produtos)	контрабанда	[kɔntraband]

75. Finanças

ação (f)	акци	[akʦɪ]
obrigação (f)	облигаци	[ɔblɪgaʦɪ]
nota (f) promissória	вексель	[wekselj]
bolsa (f) de valores	биржа	[bɪrʒ]
cotação (m) das ações	акцин мах	[akʦɪn mah]
tornar-se mais barato	дайдала	[dajdal]
tornar-se mais caro	даздала	[dazdal]
participação (f) majoritária	контролан пакет	[kɔntrolan paket]
investimento (m)	инвестици	[ɪnwestɪʦɪ]
investir (vt)	инвестици ян	[ɪnwestɪʦɪ jan]
porcentagem (f)	процент	[prɔʦent]
juros (m pl)	ял	[jal]
lucro (m)	пайда	[pajd]
lucrativo (adj)	пайде	[pajde]
imposto (m)	налог	[nalɔg]
divisa (f)	валюта	[valʉt]
nacional (adj)	къаьмнийн	[q?æmnɪːn]
câmbio (m)	хийцар	[hɪːʦar]

| contador (m) | бухгалтер | [buhgalter] |
| contabilidade (f) | бухгалтери | [buhgalterı] |

falência (f)	банкрот хилар	[bankrɔt hılar]
falência, quebra (f)	хlаллакъхилар	[h'allaq?ılar]
ruína (f)	даькъаздаккхар	[dæq?azdakqar]
estar quebrado	даькъаздала	[dæq?azdal]
inflação (f)	инфляци	[ınfljatsı]
desvalorização (f)	девальваци	[devaljvatsı]

capital (m)	капитал	[kapıtal]
rendimento (m)	пайда	[pajd]
volume (m) de negócios	го баккхар	[gɔ bakqar]
recursos (m pl)	тlаьхьалонаш	[t'æhalɔnaʃ]
recursos (m pl) financeiros	ахча	[ahtʃ]
reduzir (vt)	жимдан	[ʒımdan]

76. Marketing

marketing (m)	маркетинг	[marketıng]
mercado (m)	рынок	[rınɔk]
segmento (m) do mercado	рынкан сегмент	[rınkan segment]
produto (m)	сурсат	[sursat]
mercadoria (f)	товар	[tɔvar]

marca (f)	бренд	[brend]
marca (f) registrada	механ марка	[mehan mark]
logotipo (m)	фирмин хьаьрк	[fırmın hærk]
logo (m)	логотип	[lɔgɔtıp]

demanda (f)	хьашт хилар	[haʃt hılar]
oferta (f)	предложени	[predlɔʒenı]
necessidade (f)	хьашто	[haʃtɔ]
consumidor (m)	хьаштхо	[haʃthɔ]

análise (f)	анализ	[analız]
analisar (vt)	анализ ян	[analız jan]
posicionamento (m)	позиционировани	[pɔzıtsıɔnırɔvanı]
posicionar (vt)	позиционировать ян	[pɔzıtsıɔnırɔvat' jan]

preço (m)	мах	[mah]
política (f) de preços	механ политика	[mehan pɔlıtık]
formação (f) de preços	мах хилар	[mah hılar]

77. Publicidade

publicidade (f)	реклама	[reklam]
fazer publicidade	реклама ян	[reklam jan]
orçamento (m)	бюджет	[budʒet]

| anúncio (m) | кхайкхор | [qajqɔr] |
| publicidade (f) na TV | телереклама | [telereklam] |

| publicidade (f) na rádio | радион реклама | [radɪɔn reklam] |
| publicidade (f) exterior | арахьара реклама | [arahar reklam] |

comunicação (f) de massa	массийн хааман гӀирс	[massɪːn haːman ɣɪrs]
periódico (m)	муьран арахецнарг	[muran arahetsnarg]
imagem (f)	имидж	[ɪmɪdʒ]

| slogan (m) | лозунг | [lɔzung] |
| mote (m), lema (f) | девиз | [dewɪz] |

campanha (f)	кампани	[kampanɪ]
campanha (f) publicitária	рекламан кампани	[reklaman kampanɪ]
grupo (m) alvo	Ӏалашонан аудитори	['alaʃonan 'audɪtɔrɪ]

cartão (m) de visita	визитан карта	[wɪzɪtan kart]
panfleto (m)	кехат	[kehat]
brochura (f)	брошюра	[brɔʃur]
folheto (m)	буклет	[buklet]
boletim (~ informativo)	бюллетень	[bulletenj]

letreiro (m)	гойтург	[gɔjturg]
cartaz, pôster (m)	плакат	[plakat]
painel (m) publicitário	рекламан у	[reklaman u]

78. Banca

| banco (m) | банк | [bank] |
| balcão (f) | отделени | [ɔtdelenɪ] |

| consultor (m) bancário | консультант | [kɔnsuljtant] |
| gerente (m) | урхалхо | [urhalho] |

conta (f)	счёт	[stʃ'ot]
número (m) da conta	чотан номер	[tʃotan nɔmer]
conta (f) corrente	карара чот	[karar tʃot]
conta (f) poupança	накопительни чот	[nakɔpɪteljnɪ tʃot]

abrir uma conta	чот схьайелла	[tʃot shajell]
fechar uma conta	чот дӀакъовла	[tʃot d'aq'ɔvl]
depositar na conta	счёт тӀедилла	[stʃ'ot t'edɪll]
sacar (vt)	счёт тӀера схьаэца	[stʃ'ot t'er sha'ɛts]

depósito (m)	диллар	[dɪllar]
fazer um depósito	дилла	[dɪll]
transferência (f) bancária	дахьийтар	[dahɪːtar]
transferir (vt)	дахьийта	[dahɪːt]

| soma (f) | жамӀ | [ʒam'] |
| Quanto? | МелӀ | [mel] |

assinatura (f)	куьг	[kug]
assinar (vt)	куьг тало	[kug ta'ɔ]
cartão (m) de crédito	кредитан карта	[kredɪtan kart]
senha (f)	код	[kɔd]

número (m) do cartão de crédito	кредитан картан номер	[kredɪtan kartan nɔmer]
caixa (m) eletrônico	банкомат	[bankɔmat]
cheque (m)	чек	[tʃek]
passar um cheque	чек язъян	[tʃek jaz?jan]
talão (m) de cheques	чекан книшка	[tʃekan knɪʃk]
empréstimo (m)	кредит	[kredɪt]
pedir um empréstimo	кредит дехар	[kredɪt dehar]
obter empréstimo	кредит эца	[kredɪt ɛts]
dar um empréstimo	кредит далар	[kredɪt dalar]
garantia (f)	юкъархилар	[juq?arhɪlar]

79. Telefone. Conversação telefônica

telefone (m)	телефон	[telefɔn]
celular (m)	мобильни телефон	[mɔbɪljnɪ telefɔn]
secretária (f) eletrônica	автоответчик	[avtəˈotwetʃɪk]
fazer uma chamada	детта	[dett]
chamada (f)	горгали	[gɔrgalɪ]
discar um número	номер эца	[nɔmer ɛts]
Alô!	Алло!	[allɔ]
perguntar (vt)	хатта	[hatt]
responder (vt)	жоп дала	[ʒɔp dal]
ouvir (vt)	хаза	[haz]
bem	дика ду	[dɪk du]
mal	вон ду	[vɔn du]
ruído (m)	новкъарлонаш	[nɔvq?arlɔnaʃ]
fone (m)	луьлла	[lʉll]
pegar o telefone	луьлла эца	[lʉll ɛts]
desligar (vi)	луьлла охьайилла	[lʉll ɔhajɪll]
ocupado (adj)	мукъа доцу	[muq? dɔtsu]
tocar (vi)	етта	[ett]
lista (f) telefônica	телефонан книга	[telefɔnan knɪg]
chamada (f) local	меттигара	[mettɪgar]
de longa distância	гӏаланашна юккъера	[ɣalanaʃn jukq?er]
internacional (adj)	гӏаланашна юккъера	[ɣalanaʃn jukq?er]

80. Telefone móvel

celular (m)	мобильни телефон	[mɔbɪljnɪ telefɔn]
tela (f)	дисплей	[dɪsplej]
botão (m)	кнопка	[knɔpk]
cartão SIM (m)	SIM-карта	[sɪm kart]
bateria (f)	батарей	[batarej]

descarregar-se (vr)   кхачадала   [qatʃadal]
carregador (m)   юзаран гӀирс   [juzaran ɣɪrs]

menu (m)   меню   [menʉ]
configurações (f pl)   настройкаш   [nastrojkaʃ]
melodia (f)   мукъам   [muqʔam]
escolher (vt)   харжа   [harʒ]

calculadora (f)   калькулятор   [kaljkuljatɔr]
correio (m) de voz   автоответчик   [avtɔʼotwetʃɪk]
despertador (m)   сомавоккху сахьт   [sɔmavɔkqu saht]
contatos (m pl)   телефонан книга   [telefɔnan knɪg]

mensagem (f) de texto   SMS-хаам   [ɛsɛmɛs haʼam]
assinante (m)   абонент   [abɔnent]

81. Estacionário

caneta (f)   авторучка   [avtɔrutʃk]
caneta (f) tinteiro   перо   [perɔ]

lápis (m)   къолам   [qʔɔlam]
marcador (m) de texto   маркер   [marker]
caneta (f) hidrográfica   фломастер   [flɔmaster]

bloco (m) de notas   блокнот   [blɔknɔt]
agenda (f)   ежедневник   [eʒednevnɪk]

régua (f)   линейка   [lɪnejk]
calculadora (f)   калькулятор   [kaljkuljatɔr]
borracha (f)   лаьстиг   [læstɪg]
alfinete (m)   кнопка   [knɔpk]
clipe (m)   малар   [maʼar]

cola (f)   клей   [klej]
grampeador (m)   степлер   [stepler]
furador (m) de papel   Iуьргашдохург   [ˈʉrgaʃdɔhurg]
apontador (m)   точилк   [tɔtʃɪlk]

82. Tipos de negócios

serviços (m pl) de contabilidade   бухгалтерин гӀуллакхаш   [buhgalterɪn ɣullaqaʃ]

publicidade (f)   реклама   [reklam]
agência (f) de publicidade   рекламан агенталла   [reklaman agentall]
ar (m) condicionado   кондиционераш   [kɔndɪtsɪɔneraʃ]
companhia (f) aérea   авиакомпани   [awɪakɔmpanɪ]

bebidas (f pl) alcoólicas   спиртан маларш   [spɪrtan malarʃ]
comércio (m) de antiguidades   антиквариат   [antɪkvarɪat]
galeria (f) de arte   галерей   [galerej]
serviços (m pl) de auditoria   аудитаран гӀуллакхаш   [ˈaudɪtaran ɣullaqaʃ]

negócios (m pl) bancários	банкан бизнес	[bankan bıznes]
bar (m)	бар	[bar]
salão (m) de beleza	хазаллан салон	[hazallan salɔn]
livraria (f)	книшкийн туька	[knıʃkı:n tʉk]
cervejaria (f)	йийн доккху меттиг	[jı:n dɔkqu mettıg]
centro (m) de escritórios	бизнес-центр	[bıznes ʦentr]
escola (f) de negócios	бизнес-школа	[bıznes ʃkɔl]
cassino (m)	казино	[kazınɔ]
construção (f)	гӀишло яр	[ɣıʃlɔ jar]
consultoria (f)	консалтинг	[kɔnsaltıng]
clínica (f) dentária	стоматологи	[stɔmatɔlɔgı]
design (m)	дизайн	[dızajn]
drogaria (f)	аптека	[aptek]
lavanderia (f)	химцӀандар	[hımʦ'andar]
agência (f) de emprego	кадрашха агенталла	[kadraʃha agentall]
serviços (m pl) financeiros	финансийн гӀуллакхаш	[fınansı:n ɣullaqaʃ]
alimentos (m pl)	сурсаташ	[sursataʃ]
funerária (f)	велчан ламаста ден бюро	[welʧan lamast den bʉrɔ]
mobiliário (m)	мебель	[mebelj]
roupa (f)	бедар	[bedar]
hotel (m)	хьешийн цӀа	[heʃı:n ʦ'a]
sorvete (m)	морожени	[mɔrɔʒenı]
indústria (f)	промышленность	[prɔmıʃlenɔst']
seguro (~ de vida, etc.)	страхована	[strahovan]
internet (m)	интернет	[ınternet]
investimento (m)	инвестици	[ınwestıʦı]
joalheiro (m)	ювелир	[juwelır]
joias (f pl)	ювелиран хӀуманаш	[juwelıran h'umanaʃ]
lavanderia (f)	прачечни	[praʧeʧnı]
assessorias (f pl) jurídicas	юридически гӀуллакхаш	[jurıdıʧeskı ɣullaqaʃ]
indústria (f) ligeira	яйн промышленность	[jajn prɔmıʃlenɔst']
revista (f)	журнал	[ʒurnal]
vendas (f pl) por catálogo	каталог тӀехула махлелор	[katalɔg t'ehul mahlelɔr]
medicina (f)	медицина	[medıʦın]
cinema (m)	кинотеатр	[kınɔteatr]
museu (m)	музей	[muzej]
agência (f) de notícias	информацин агенталла	[ınformaʦın agentall]
jornal (m)	газета	[gazet]
boate (casa noturna)	буьйсанан клуб	[bʉjsanan klub]
petróleo (m)	нефть	[neft']
serviços (m pl) de remessa	курьеран гӀуллакх	[kurjeran ɣullaq]
indústria (f) farmacêutica	фармацевтика	[farmaʦevtık]
tipografia (f)	полиграфи	[pɔlıgrafı]
editora (f)	издательство	[ızdateljstvɔ]
rádio (m)	радио	[radıɔ]
imobiliário (m)	ара-чу ца баккхалун бахам	[ara ʧu ʦə bakqalun baham]

restaurante (m)	ресторан	[restoran]
empresa (f) de segurança	ха ден агенталла	[ha den agentall]
esporte (m)	спорт	[spɔrt]
bolsa (f) de valores	биржа	[bɪrʒ]
loja (f)	туька	[tʉk]
supermercado (m)	супермаркет	[supermarket]
piscina (f)	бассейн	[bassejn]
alfaiataria (f)	ателье	[atelje]
televisão (f)	телевидени	[telewɪdenɪ]
teatro (m)	театр	[teatr]
comércio (m)	махлелор	[mahlelɔr]
serviços (m pl) de transporte	дӏадахьарш	[d'adaharʃ]
viagens (f pl)	туризм	[turɪzm]
veterinário (m)	ветеринар	[wet
ɪnar]
armazém (m)	склад	[sklad]
recolha (f) do lixo	нехаш аракхехьар	[nehaʃ araqehar]

Emprego. Negócios. Parte 2

83. Espetáculo. Feira

feira, exposição (f)	гайтам	[gajtam]
feira (f) comercial	махбаран гайта хIоттор	[mahbaran gajt h'ɔttɔr]
participação (f)	дакъа лацар	[daqʔ latsar]
participar (vi)	дакъа лаца	[daqʔ lats]
participante (m)	декъашхо	[deqʔaʃho]
diretor (m)	директор	[dɪrektɔr]
direção (f)	дирекци, оргкомитет	[dɪrektsɪ], [ɔrgkɔmɪtet]
organizador (m)	вовшахтохархо	[vɔvʃahtɔharhɔ]
organizar (vt)	вовшахтоха	[vɔvʃahtɔh]
ficha (f) de inscrição	дакъа лацар дIахьедан	[daqʔ latsar d'ahedan]
preencher (vt)	яздан	[jazdan]
detalhes (m pl)	деталаш	[detalaʃ]
informação (f)	хаам	[ha'am]
preço (m)	мах	[mah]
incluindo	тIехь	[t'eh]
incluir (vt)	юкъадало	[juqʔadalɔ]
pagar (vt)	ахча дала	[ahtʃ dal]
taxa (f) de inscrição	регистрацин ахча далар	[regɪstratsɪn ahtʃ dalar]
entrada (f)	чугIойла	[tʃuɣɔjl]
pavilhão (m), salão (f)	павильон	[pawɪljɔn]
inscrever (vt)	регистраци ян	[regɪstratsɪ jan]
crachá (m)	бэдж	[bɛdʒ]
stand (m)	гайтаман стенд	[gajtaman stend]
reservar (vt)	бронь ян	[brɔnj jan]
vitrine (f)	витрина	[wɪtrɪn]
lâmpada (f)	къуьда	[qʔʉd]
design (m)	дизайн	[dɪzajn]
pôr (posicionar)	хила	[hɪl]
distribuidor (m)	дистрибьютор	[dɪstrɪbjutɔr]
fornecedor (m)	латторг	[lattɔrg]
país (m)	мохк	[mɔhk]
estrangeiro (adj)	кхечу мехкан	[qetʃu mehkan]
produto (m)	сурсат	[sursat]
associação (f)	цхьаьнакхетар	[tshænaqetar]
sala (f) de conferência	конференц-зал	[kɔnferents zal]
congresso (m)	конгресс	[kɔngress]

concurso (m)	конкурс	[kɔnkurs]
visitante (m)	оьхург	[øhurg]
visitar (vt)	хьажа даха	[haʒ dah]
cliente (m)	заказхо	[zakazho]

84. Ciência. Investigação. Cientistas

ciência (f)	Ӏилма	['ɪlm]
científico (adj)	Ӏилманан	['ɪlmanan]
cientista (m)	дешна	[deʃn]
teoria (f)	теори	[teɔrɪ]
axioma (m)	аксиома	[aksɪɔm]
análise (f)	анализ	[analɪz]
analisar (vt)	анализ ян	[analɪz jan]
argumento (m)	аргумент	[argument]
substância (f)	хӏума	[h'um]
hipótese (f)	гипотеза	[gɪpɔtez]
dilema (m)	дилемма	[dɪlemm]
tese (f)	диссертаци	[dɪssertatsɪ]
dogma (m)	догма	[dɔgm]
doutrina (f)	доктрина	[dɔktrɪn]
pesquisa (f)	таллар	[tallar]
pesquisar (vt)	талла	[tall]
testes (m pl)	контроль	[kɔntrɔlj]
laboratório (m)	лаборатори	[labɔratɔrɪ]
método (m)	некъ	[neqʔ]
molécula (f)	молекула	[mɔlekul]
monitoramento (m)	мониторинг	[mɔnɪtɔrɪng]
descoberta (f)	гучудаккхар	[gutʃudakqar]
postulado (m)	постулат	[pɔstulat]
princípio (m)	принцип	[prɪntsɪp]
prognóstico (previsão)	прогноз	[prɔgnɔz]
prognosticar (vt)	прогноз ян	[prɔgnɔz jan]
síntese (f)	синтез	[sɪntez]
tendência (f)	тенденци	[tendentsɪ]
teorema (m)	теорема	[teɔrem]
ensinamentos (m pl)	хьехар	[hehar]
fato (m)	хилларг	[hɪllarg]
expedição (f)	экспедици	[ɛkspedɪtsɪ]
experiência (f)	эксперимент	[ɛksperɪment]
acadêmico (m)	академик	[akademɪk]
bacharel (m)	бакалавр	[bakalavr]
doutor (m)	доктор	[dɔktɔr]
professor (m) associado	доцент	[dɔtsent]
mestrado (m)	магистр	[magɪstr]
professor (m)	профессор	[prɔfessɔr]

Profissões e ocupações

85. Procura de emprego. Demissão

trabalho (m)	болх	[bɔlh]
equipe (f)	штат	[ʃtat]
carreira (f)	карьера	[karjer]
perspectivas (f pl)	перспектива	[perspektɪv]
habilidades (f pl)	говзалла	[gɔvzall]
seleção (f)	харжар	[harʒar]
agência (f) de emprego	кадрашха агенталла	[kadraʃha agentall]
currículo (m)	резюме	[rezume]
entrevista (f) de emprego	къамел дар	[qʔamel dar]
vaga (f)	ваканси	[vakansɪ]
salário (m)	алапа	[alap]
salário (m) fixo	алапа	[alap]
pagamento (m)	алапа далар	[alap dalar]
cargo (m)	гӀуллакх	[ɣullaq]
dever (do empregado)	декхар	[deqar]
gama (f) de deveres	нах	[nah]
ocupado (adj)	мукъаза	[muqʔaz]
despedir, demitir (vt)	дӀадаккха	[dʼadakq]
demissão (f)	дӀадаккхар	[dʼadakqar]
desemprego (m)	белхазалла	[belhazall]
desempregado (m)	белхазхо	[belhazho]
aposentadoria (f)	пенси	[pensɪ]
aposentar-se (vr)	пенси ваха	[pensɪ vah]

86. Gente de negócios

diretor (m)	директор	[dɪrektɔr]
gerente (m)	урхалхо	[urhalho]
patrão, chefe (m)	куьйгалхо, шеф	[kujgalho], [ʃəf]
superior (m)	хьаькам	[hækam]
superiores (m pl)	хьаькамаш	[hækamaʃ]
presidente (m)	паччахь	[patʃah]
chairman (m)	председатель	[predsedatelj]
substituto (m)	когметтаниг	[kɔgmettanɪg]
assistente (m)	гӀоьнча	[ɣønʧ]
secretário (m)	секретарь	[sekratarʼ]

secretário (m) pessoal	долахь волу секретарь	[dɔlah vɔlu sekretarʲ]
homem (m) de negócios	бизнесхо	[bɪznesho]
empreendedor (m)	хьуьнарча	[hunartʃ]
fundador (m)	диллинарг	[dɪllɪnarg]
fundar (vt)	дилла	[dɪll]
principiador (m)	кхоллархо	[qɔllarhɔ]
parceiro, sócio (m)	декъашхо	[deqʔaʃhɔ]
acionista (m)	акци ерг	[aktsɪ erg]
milionário (m)	миллионхо	[mɪllɪɔnhɔ]
bilionário (m)	миллиардхо	[mɪllɪardhɔ]
proprietário (m)	да	[d]
proprietário (m) de terras	лаьттада	[læːttad]
cliente (m)	клиент	[klɪent]
cliente (m) habitual	даимлера клиент	[daɪmler klɪent]
comprador (m)	эцархо	[ɛtsarhɔ]
visitante (m)	оьхург	[øhurg]
profissional (m)	говзанча	[gɔvzantʃ]
perito (m)	эксперт	[ɛkspert]
especialista (m)	говзанча	[gɔvzantʃ]
banqueiro (m)	банкир	[bankɪr]
corretor (m)	брокер	[brɔker]
caixa (m, f)	кассир	[kassɪr]
contador (m)	бухгалтер	[buhgalter]
guarda (m)	хехо	[hehɔ]
investidor (m)	инвестор	[ɪnwestɔr]
devedor (m)	деккхархо	[deqarhɔ]
credor (m)	кредитор	[kredɪtɔr]
mutuário (m)	деккхархо	[deqarhɔ]
importador (m)	импортхо	[ɪmpɔrthɔ]
exportador (m)	экспортхо	[ɛkspɔrthɔ]
produtor (m)	арахоьцург	[arahøtsurg]
distribuidor (m)	дистрибьютор	[dɪstrɪbjutɔr]
intermediário (m)	юкъарлончa	[juqʔarlɔntʃ]
consultor (m)	консультант	[kɔnsuljtant]
representante comercial	векал	[wekal]
agente (m)	агент	[agent]
agente (m) de seguros	страховкин агент	[strahovkɪn agent]

87. Profissões de serviços

cozinheiro (m)	кхачанхо	[qatʃanhɔ]
chefe (m) de cozinha	шеф-кхачанхо	[ʃef qatʃanhɔ]
padeiro (m)	пурнхо	[purnhɔ]
barman (m)	бармен	[barmen]

garçom (m)	официант	[ɔfɪtsɪɑnt]
garçonete (f)	официантка	[ɔfɪtsɪɑntk]
advogado (m)	хьехамча	[hehamtʃ]
jurista (m)	юрист	[jurɪst]
notário (m)	нотариус	[nɔtɑrɪus]
eletricista (m)	монтер	[mɔnter]
encanador (m)	сантехник	[sɑntehnɪk]
carpinteiro (m)	дечиг-пхьар	[detʃɪg phɑr]
massagista (m)	массажхо	[mɑssaʒho]
massagista (f)	массажхо	[mɑssaʒho]
médico (m)	лор	[lɔr]
taxista (m)	таксист	[tɑksɪst]
condutor (automobilista)	шофер	[ʃɔfer]
entregador (m)	курьер	[kurjer]
camareira (f)	хlусамча	[h'usamtʃ]
guarda (m)	хехо	[heho]
aeromoça (f)	стюардесса	[stʋɑrdess]
professor (m)	хьехархо	[hehɑrhɔ]
bibliotecário (m)	библиотекахо	[bɪblɪɔtekaho]
tradutor (m)	талмаж	[tɑlmaʒ]
intérprete (m)	талмаж	[tɑlmaʒ]
guia (m)	гид	[gɪd]
cabeleireiro (m)	парикмахер	[pɑrɪkmaher]
carteiro (m)	почтальон	[pɔtʃtaljɔn]
vendedor (m)	йохкархо	[johkɑrhɔ]
jardineiro (m)	бешахо	[beʃaho]
criado (m)	ялхо	[jɑlho]
criada (f)	ялхо	[jɑlho]
empregada (f) de limpeza	цlанонча	[ts'ɑnɔntʃ]

88. Profissões militares e postos

soldado (m) raso	моrlарепа	[mɔɣɑrер]
sargento (m)	сержант	[serʒant]
tenente (m)	лейтенант	[lejtenɑnt]
capitão (m)	капитан	[kɑpɪtan]
major (m)	майор	[major]
coronel (m)	полковник	[pɔlkɔvnɪk]
general (m)	инарла	[ɪnɑrl]
marechal (m)	маршал	[marʃal]
almirante (m)	адмирал	[ɑdmɪral]
militar (m)	тlеман	[t'eman]
soldado (m)	салти	[sɑltɪ]
oficial (m)	эпсар	[ɛpsar]

comandante (m)	командир	[kɔmandɪr]
guarda (m) de fronteira	дозанхо	[dɔzanho]
operador (m) de rádio	радиохаамхо	[radɪɔha'amho]
explorador (m)	талламхо	[tallamho]
sapador-mineiro (m)	сапёр	[sapʲor]
atirador (m)	кхоссархо	[qɔssarhɔ]
navegador (m)	штурман	[ʃturman]

89. Oficiais. Padres

rei (m)	паччахь	[patʃah]
rainha (f)	зуда-паччахь	[zud patʃah]
príncipe (m)	принц	[prɪnts]
princesa (f)	принцесса	[prɪntsess]
czar (m)	паччахь	[patʃah]
czarina (f)	зуда-паччахь	[zud patʃah]
presidente (m)	паччахь	[patʃah]
ministro (m)	министр	[mɪnɪstr]
primeiro-ministro (m)	примьер-министр	[prɪmjer mɪnɪstr]
senador (m)	сенатхо	[senathɔ]
diplomata (m)	дипломат	[dɪplɔmat]
cônsul (m)	консул	[kɔnsul]
embaixador (m)	векал	[wekal]
conselheiro (m)	хьехамча	[hehamtʃ]
funcionário (m)	чиновник	[tʃɪnɔvnɪk]
prefeito (m)	префект	[prefekt]
Presidente (m) da Câmara	мэр	[mɛr]
juiz (m)	суьдхо	[sʉdho]
procurador (m)	прокурор	[prɔkurɔr]
missionário (m)	миссионер	[mɪssɪɔner]
monge (m)	монах	[mɔnah]
abade (m)	аббат	[abbat]
rabino (m)	равин	[rawɪn]
vizir (m)	визирь	[wɪzɪrʲ]
xá (m)	шах	[ʃah]
xeique (m)	шайх	[ʃajh]

90. Profissões agrícolas

abelheiro (m)	накхарамозийлелорхо	[naqaramɔzɪːlelɔrhɔ]
pastor (m)	Iy	['u]
agrônomo (m)	агроном	[agrɔnɔm]
criador (m) de gado	даьхнийлелорхо	[dæhnɪːlelɔrhɔ]
veterinário (m)	ветеринар	[weterɪnar]

agricultor, fazendeiro (m)	фермер	[fermer]
vinicultor (m)	чаӏгӏардоккхург	[tʃaɣardɔkqurg]
zoólogo (m)	зоолог	[zoˈɔlɔg]
vaqueiro (m)	ковбой	[kɔvbɔj]

91. Profissões artísticas

ator (m)	актёр	[aktʲor]
atriz (f)	актриса	[aktrɪs]
cantor (m)	эшархо	[ɛʃarhɔ]
cantora (f)	эшархо	[ɛʃarhɔ]
bailarino (m)	хелхархо	[helharhɔ]
bailarina (f)	хелхархо	[helharhɔ]
artista (m)	артист	[artɪst]
artista (f)	артист	[artɪst]
músico (m)	музыкант	[muzɪkant]
pianista (m)	пианист	[pɪanɪst]
guitarrista (m)	гитарча	[gɪtartʃ]
maestro (m)	дирижёр	[dɪrɪʒor]
compositor (m)	композитор	[kɔmpɔzɪtɔr]
empresário (m)	импресарио	[ɪmpresarɪɔ]
diretor (m) de cinema	режиссёр	[reʒɪsʲor]
produtor (m)	продюсер	[prɔduser]
roteirista (m)	сценарихо	[stsenarɪhɔ]
crítico (m)	критик	[krɪtɪk]
escritor (m)	яздархо	[jazdarhɔ]
poeta (m)	илланча	[ɪllantʃ]
escultor (m)	скульптор	[skuljptɔr]
pintor (m)	исбаьхьалча	[ɪsbæhaltʃ]
malabarista (m)	жонглёр	[ʒɔnglʲor]
palhaço (m)	жухарг	[ʒuharg]
acrobata (m)	пелхьо	[pelhɔ]
ilusionista (m)	бозбуунча	[bɔzbuˈuntʃ]

92. Várias profissões

médico (m)	лор	[lɔr]
enfermeira (f)	лорйиша	[lɔrjɪʃ]
psiquiatra (m)	психиатр	[psɪhɪatr]
dentista (m)	цергийн лор	[tsergɪːn lɔr]
cirurgião (m)	хирург	[hɪrurg]
astronauta (m)	астронавт	[astrɔnavt]
astrônomo (m)	астроном	[astrɔnɔm]

piloto (m)	кеманхо	[kemanhɔ]
motorista (m)	лелорхо	[lelɔrhɔ]
maquinista (m)	машинхо	[maʃɪnhɔ]
mecânico (m)	механик	[mehanɪk]
mineiro (m)	кӏорабаккхархо	[k'ɔrabakqarhɔ]
operário (m)	белхало	[belhalɔ]
serralheiro (m)	слесарь	[slesarʲ]
marceneiro (m)	дечка пхьар	[detʃk phar]
torneiro (m)	токарь	[tɔkarʲ]
construtor (m)	гӏишлошъярхо	[ɣɪʃlɔʃʔjarhɔ]
soldador (m)	латорхо	[latɔrhɔ]
professor (m)	профессор	[prɔfessɔr]
arquiteto (m)	архитектор	[arhɪtektɔr]
historiador (m)	историк	[ɪstɔrɪk]
cientista (m)	дешна	[deʃn]
físico (m)	физик	[fɪzɪk]
químico (m)	химик	[hɪmɪk]
arqueólogo (m)	археолог	[arheɔlɔg]
geólogo (m)	геолог	[geɔlɔg]
pesquisador (cientista)	талламхо	[tallamhɔ]
babysitter, babá (f)	баба	[bab]
professor (m)	хьехархо	[heharhɔ]
redator (m)	редактор	[redaktɔr]
redator-chefe (m)	коьрта редактор	[kørt redaktɔr]
correspondente (m)	корреспондент	[kɔrrespɔndent]
datilógrafa (f)	машинхо	[maʃɪnhɔ]
designer (m)	дизайнер	[dɪzajner]
especialista (m) em informática	компьютерхо	[kɔmpjuterhɔ]
programador (m)	программист	[prɔgrammɪst]
engenheiro (m)	инженер	[ɪnʒener]
marujo (m)	хӏордахо	[h'ɔrdahɔ]
marinheiro (m)	хӏордахо	[h'ɔrdahɔ]
socorrista (m)	кӏелхьардакххархо	[k'elhardaqharhɔ]
bombeiro (m)	цӏе йойу	[ts'e joju]
polícia (m)	полици	[pɔlɪtsɪ]
guarda-noturno (m)	хехо	[hehɔ]
detetive (m)	лахарча	[lahartʃ]
funcionário (m) da alfândega	таможхо	[tamɔʒhɔ]
guarda-costas (m)	ларвархо	[larvarhɔ]
guarda (m) prisional	набахтхо	[nabahthɔ]
inspetor (m)	инспектор	[ɪnspektɔr]
esportista (m)	спортхо	[spɔrthɔ]
treinador (m)	тренер	[trener]
açougueiro (m)	хасапхо	[hasaphɔ]
sapateiro (m)	эткийн пхьар	[ɛtkɪːn phar]

| comerciante (m) | совдегар | [sɔvdegar] |
| carregador (m) | киранча | [kɪrantʃ] |

| estilista (m) | модельхо | [mɔdeljho] |
| modelo (f) | модель | [mɔdelj] |

93. Ocupações. Estatuto social

| estudante (~ de escola) | школахо | [ʃkɔlaho] |
| estudante (~ universitária) | студент | [student] |

filósofo (m)	философ	[fɪlɔsɔf]
economista (m)	экономист	[ɛkɔnɔmɪst]
inventor (m)	кхоллархо	[qɔllarhɔ]

desempregado (m)	белхазхо	[belhazho]
aposentado (m)	пенсионер	[pensɪɔner]
espião (m)	шпион	[ʃpɪɔn]

preso, prisioneiro (m)	лаьцна стаг	[læt͡sn stag]
grevista (m)	забастовкахо	[zabastɔvkaho]
burocrata (m)	бюрократ	[bʉrɔkrat]
viajante (m)	некъахо	[neqʔaho]

| homossexual (m) | гомосексуализмхо | [gɔmɔseksualɪzmho] |
| hacker (m) | хакер | [haker] |

bandido (m)	талорхо	[talɔrhɔ]
assassino (m)	йолах дийнарг	[jolah dɪːnarg]
drogado (m)	наркоман	[narkɔman]
traficante (m)	наркотикаш йохкархо	[narkɔtɪkaʃ johkarho]
prostituta (f)	кхахьпа	[qahp]
cafetão (m)	сутенёр	[sutenʲor]

bruxo (m)	холмачхо	[holmatʃho]
bruxa (f)	холмачхо	[holmatʃho]
pirata (m)	пират	[pɪrat]
escravo (m)	лай	[laj]
samurai (m)	самурай	[samuraj]
selvagem (m)	акха адам	[aq adam]

Educação

94. Escola

escola (f)	школа	[ʃkɔl]
diretor (m) de escola	директор	[dɪrektɔr]
aluno (m)	дешархо	[deʃarhɔ]
aluna (f)	дешархо	[deʃarhɔ]
estudante (m)	школахо	[ʃkɔlahɔ]
estudante (f)	школахо	[ʃkɔlahɔ]
ensinar (vt)	хьеха	[heh']
aprender (vt)	lамо	['amɔ]
decorar (vt)	дагахь lамо	[dagah 'amɔ]
estudar (vi)	lама	['am]
estar na escola	lама	['am]
ir à escola	школе ваха	[ʃkɔle vah]
alfabeto (m)	абат	[abat]
disciplina (f)	предмет	[predmet]
sala (f) de aula	класс	[klass]
lição, aula (f)	урок	[urɔk]
toque (m)	горгали	[gɔrgalɪ]
classe (f)	парта	[part]
quadro (m) negro	классан у	[klassan u]
nota (f)	отметка	[ɔtmetk]
boa nota (f)	дика отметка	[dɪk ɔtmetk]
nota (f) baixa	вон отметка	[vɔn ɔtmetk]
dar uma nota	отметка хlотто	[ɔtmetk h'ɔttɔ]
erro (m)	гlалат	[ɣalat]
errar (vi)	гlалат дан	[ɣalat dan]
corrigir (~ um erro)	нисдан	[nɪsdan]
cola (f)	шпаргалка	[ʃpargalk]
dever (m) de casa	цlера тlедиллар	[tsʼer tʼedɪllar]
exercício (m)	упражнени	[upraʒnenɪ]
estar presente	хила	[hɪl]
estar ausente	ца хила	[tsa hɪl]
punir (vt)	тlазар дан	[taʼzar dan]
punição (f)	тlазар	[taʼzar]
comportamento (m)	лелар	[lelar]
boletim (m) escolar	дневник	[dnevnɪk]
lápis (m)	къолам	[qʔɔlam]

borracha (f)	лаьстиг	[læstɪg]
giz (m)	мел	[mel]
porta-lápis (m)	гӏутакх	[ɣutɑq]
mala, pasta, mochila (f)	портфель	[pɔrtfelj]
caneta (f)	ручка	[rutʃk]
caderno (m)	тетрадь	[tetrɑdʲ]
livro (m) didático	учебник	[utʃebnɪk]
compasso (m)	циркуль	[tsɪrkulj]
traçar (vt)	дилла	[dɪll]
desenho (m) técnico	чертёж	[tʃertʲɔʒ]
poesia (f)	байт	[bɑjt]
de cor	дагахь	[dɑgɑh]
decorar (vt)	дагахь lамо	[dɑgɑh 'ɑmɔ]
férias (f pl)	каникулаш	[kɑnɪkulɑʃ]
estar de férias	каникулашт хилар	[kɑnɪkulɑʃt hɪlɑr]
teste (m), prova (f)	талламан болх	[tɑllɑmɑn bɔlh]
redação (f)	сочинени	[sɔtʃɪnenɪ]
ditado (m)	диктант	[dɪktɑnt]
exame (m), prova (f)	экзамен	[ɛkzɑmen]
fazer prova	экзамен дlаялар	[ɛkzɑmen d'ɑjɑlɑr]
experiência (~ química)	гӏулч	[ɣultʃ]

95. Colégio. Universidade

academia (f)	академи	[ɑkɑdemɪ]
universidade (f)	университет	[unɪwersɪtet]
faculdade (f)	факультет	[fɑkuljtet]
estudante (m)	студент	[student]
estudante (f)	студентка	[studentk]
professor (m)	хьехархо	[hehɑrhɔ]
auditório (m)	аудитори	[ɑudɪtɔrɪ]
graduado (m)	дешна ваьлларг	[deʃn vællɑrg]
diploma (m)	диплом	[dɪplɔm]
tese (f)	диссертаци	[dɪssertɑtsɪ]
estudo (obra)	таллар	[tɑllɑr]
laboratório (m)	лаборатори	[lɑbɔrɑtɔrɪ]
palestra (f)	лекци	[lektsɪ]
colega (m) de curso	курсахо	[kursɑhɔ]
bolsa (f) de estudos	стипенди	[stɪpendɪ]
grau (m) acadêmico	lилманан дарж	['ɪlmɑnɑn dɑrʒ]

96. Ciências. Disciplinas

matemática (f)	математика	[mɑtemɑtɪk]
álgebra (f)	алгебра	[ɑlgebr]

geometria (f)	геометри	[geɔmetrɪ]
astronomia (f)	астрономи	[astrɔnɔmɪ]
biologia (f)	биологи	[bɪɔlɔgɪ]
geografia (f)	географи	[geɔgrafɪ]
geologia (f)	геологи	[geɔlɔgɪ]
história (f)	истори	[ɪstɔrɪ]

medicina (f)	медицина	[medɪtsɪn]
pedagogia (f)	педагогика	[pedagɔgɪk]
direito (m)	бакъо	[baq?ɔ]

física (f)	физика	[fɪzɪk]
química (f)	хими	[hɪmɪ]
filosofia (f)	философи	[fɪlɔsɔfɪ]
psicologia (f)	психологи	[psɪhɔlɔgɪ]

97. Sistema de escrita. Ortografia

gramática (f)	грамматика	[grammatɪk]
vocabulário (m)	лексика	[leksɪk]
fonética (f)	фонетика	[fɔnetɪk]

substantivo (m)	цӏердош	[ts'erdɔʃ]
adjetivo (m)	билгалдош	[bɪlgaldɔʃ]
verbo (m)	хандош	[handɔʃ]
advérbio (m)	куцдош	[kutsdɔʃ]

pronome (m)	цӏерметдош	[ts'ermetdɔʃ]
interjeição (f)	айдардош	[ajdardɔʃ]
preposição (f)	предлог	[predlɔg]

raiz (f)	дешан орам	[deʃan ɔram]
terminação (f)	чаккхе	[tʃakqe]
prefixo (m)	дешхьалхе	[deʃhalhe]
sílaba (f)	дешдакъа	[deʃdaq?]
sufixo (m)	суффикс	[suffɪks]

| acento (m) | тохар | [tɔhar] |
| apóstrofo (f) | апостроф | [apɔstrɔf] |

ponto (m)	тӏадам	[t'adam]
vírgula (f)	цӏоьмалг	[ts'ømalg]
ponto e vírgula (m)	тӏадамца цӏоьмалг	[t'adamts ts'ømalg]
dois pontos (m pl)	ши тӏадам	[ʃɪ t'adam]
reticências (f pl)	тӏадамаш	[t'adamaʃ]

| ponto (m) de interrogação | хаттаран хьаьрк | [hattaran hærk] |
| ponto (m) de exclamação | айдаран хьаьрк | [ajdaran hærk] |

aspas (f pl)	кавычкаш	[kavɪtʃkaʃ]
entre aspas	кавычкаш юккъе	[kavɪtʃkaʃ jukq?e]
parênteses (m pl)	къовларш	[q?ɔvlarʃ]
entre parênteses	къовларш юккъе	[q?ɔvlarʃ jukq?e]
hífen (m)	сизалг	[sɪzalg]

| travessão (m) | тиз | [tɪz] |
| espaço (m) | юкъ | [juqʔ] |

| letra (f) | элп | [ɛlp] |
| letra (f) maiúscula | доккха элп | [dɔkq ɛlp] |

| vogal (f) | мукъа аз | [muqʔ az] |
| consoante (f) | мукъаза аз | [muqʔaz az] |

frase (f)	предложени	[predlɔʒenɪ]
sujeito (m)	подлежащи	[pɔdleʒaɕɪ]
predicado (m)	сказуеми	[skazuemɪ]

linha (f)	моrlа	[mɔɣ]
em uma nova linha	керлачу моrlапера	[kerlatʃu mɔɣarer]
parágrafo (m)	абзац	[abzatʃs]

palavra (f)	дош	[dɔʃ]
grupo (m) de palavras	дешнийн цхьаьнакхетар	[deʃnɪːn tshænaqetar]
expressão (f)	алар	[alar]
sinônimo (m)	синоним	[sɪnɔnɪm]
antônimo (m)	антоним	[antɔnɪm]

regra (f)	бакъо	[baqʔɔ]
exceção (f)	юкъарадаккхар	[juqʔaradakqar]
correto (adj)	нийса	[nɪːs]

conjugação (f)	хийцар	[hɪːtsar]
declinação (f)	легар	[legar]
caso (m)	дожар	[dɔʒar]
pergunta (f)	хаттар	[hattar]
sublinhar (vt)	билгалдаккха	[bɪlgaldakq]
linha (f) pontilhada	пунктир	[punktɪr]

98. Línguas estrangeiras

língua (f)	мотт	[mɔtt]
língua (f) estrangeira	кхечу мехкийн мотт	[qetʃu mehkɪːn mɔtt]
estudar (vt)	lамо	[ʼamɔ]
aprender (vt)	lамо	[ʼamɔ]

ler (vt)	еша	[eʃ]
falar (vi)	дийца	[dɪːts]
entender (vt)	кхета	[qet]
escrever (vt)	яздан	[jazdan]

rapidamente	сиха	[sɪh]
devagar, lentamente	меллаша	[mellaʃ]
fluentemente	паprlат	[parɣat]

regras (f pl)	бакъонаш	[baqʔɔnaʃ]
gramática (f)	грамматика	[grammatɪk]
vocabulário (m)	лексика	[leksɪk]
fonética (f)	фонетика	[fɔnetɪk]

livro (m) didático	учебник	[utʃebnɪk]
dicionário (m)	дошам, словарь	[dɔʃam], [slɔvarʲ]
manual (m) autodidático	lамалург	[ˈamalurg]
guia (m) de conversação	къамеllаморг	[qʔamelˈamɔrg]
fita (f) cassete	кассета	[kasset]
videoteipe (m)	видеокассета	[wɪdeɔkasset]
CD (m)	CD	[sɪdɪ]
DVD (m)	DVD	[dɪwɪdɪ]
alfabeto (m)	алфавит	[alfawɪt]
soletrar (vt)	элпашц мотт бийца	[ɛlpaʃts mɔtt bɪːts]
pronúncia (f)	алар	[alar]
sotaque (m)	акцент	[aktsent]
com sotaque	акцент	[aktsent]
sem sotaque	акцент ца хила	[aktsent tsə hɪl]
palavra (f)	дош	[dɔʃ]
sentido (m)	маьlна	[mæˈn]
curso (m)	курсаш	[kursaʃ]
inscrever-se (vr)	дlаяздала	[dˈajazdal]
professor (m)	хьехархо	[heharhɔ]
tradução (processo)	дахьийтар	[dahɪːtar]
tradução (texto)	гоч дар	[gotʃ dar]
tradutor (m)	талмаж	[talmaʒ]
intérprete (m)	талмаж	[talmaʒ]
poliglota (m)	полиглот	[pɔlɪglɔt]
memória (f)	эс	[ɛs]

Descanso. Entretenimento. Viagens

99. Viagens

turismo (m)	туризм	[turɪzm]
turista (m)	турист	[turɪst]
viagem (f)	араваьлла лелар	[aravæll lelar]
aventura (f)	хилларг	[hɪllarg]
percurso (curta viagem)	дахар	[dɑhar]
férias (f pl)	отпуск	[ɔtpusk]
estar de férias	отпускехь хилар	[ɔtpuskeh hɪlar]
descanso (m)	садалар	[sada'ar]
trem (m)	цlерпошт	[ts'erpɔʃt]
de trem (chegar ~)	цlерпоштахь	[ts'erpɔʃtah]
avião (m)	кема	[kem]
de avião	кеманца	[kemants]
de carro	машина тlехь	[maʃɪn t'eh]
de navio	кеманца	[kemants]
bagagem (f)	кира	[kɪr]
mala (f)	чамда	[tʃamd]
carrinho (m)	киран гlудакх	[kɪran ɣudaq]
passaporte (m)	паспорт	[pasport]
visto (m)	виза	[wɪz]
passagem (f)	билет	[bɪlet]
passagem (f) aérea	авиабилет	[awɪabɪlet]
guia (m) de viagem	некъгойтург	[neq?gɔjturg]
mapa (m)	карта	[kart]
área (f)	меттиг	[mettɪg]
lugar (m)	меттиг	[mettɪg]
exotismo (m)	экзотика	[ɛkzɔtɪk]
exótico (adj)	экзотикин	[ɛkzɔtɪkɪn]
surpreendente (adj)	тамашена	[tamaʃən]
grupo (m)	группа	[grupp]
excursão (f)	экскурси	[ɛkskursɪ]
guia (m)	экскурсилелорхо	[ɛkskursɪlelɔrhɔ]

100. Hotel

hotel (m)	хьешийн цlа	[heʃɪːn ts'a]
motel (m)	мотель	[mɔtelj]
três estrelas	кхо седа	[qø sed]

cinco estrelas	пхи седа	[phɪ sed]
ficar (vi, vt)	саца	[saʦ]
quarto (m)	номер	[nɔmer]
quarto (m) individual	цхьа меттиг йолу номер	[ʦha mettɪg jolu nɔmer]
quarto (m) duplo	шиъ меттиг йолу номер	[ʃɪʔ mettɪg jolu nɔmer]
reservar um quarto	номер бронь ян	[nɔmer brɔnj jan]
meia pensão (f)	полупансион	[pɔlupansɪɔn]
pensão (f) completa	йиззина пансион	[jɪzzɪn pansɪɔn]
com banheira	ваннер	[vanner]
com chuveiro	душер	[duʃər]
televisão (m) por satélite	спутникови телевидени	[sputnɪkɔwɪ telewɪdenɪ]
ar (m) condicionado	кондиционер	[kɔndɪʦɪɔner]
toalha (f)	гата	[gat]
chave (f)	догІа	[dɔɣ]
administrador (m)	администратор	[admɪnɪstratɔr]
camareira (f)	хІусамча	[h'usamʧ]
bagageiro (m)	киранхо	[kɪranho]
porteiro (m)	портье	[pɔrtje]
restaurante (m)	ресторан	[restɔran]
bar (m)	бар	[bar]
café (m) da manhã	марта	[mart]
jantar (m)	пхьор	[phɔr]
bufê (m)	шведийн стоьл	[ʃwedɪ:n støl]
saguão (m)	вестибюль	[westɪbʉlj]
elevador (m)	лифт	[lɪft]
NÃO PERTURBE	МА ХЬЕВЕ	[ma hewe]
PROIBIDO FUMAR!	ЦИГАЬРКА ОЗА МЕГАШ ДАЦ!	[ʦɪgærk ɔz megaʃ daʦ]

EQUIPAMENTO TÉCNICO. TRANSPORTES

Equipamento técnico. Transportes

101. Computador

computador (m)	компьютер	[kɔmpjʉter]
computador (m) portátil	ноутбук	[nɔutbuk]
ligar (vt)	лато	[latɔ]
desligar (vt)	дӏадайа	[d'adaj]
teclado (m)	клавиатура	[klawɪatur]
tecla (f)	пиллиг	[pɪllɪg]
mouse (m)	мышь	[mɪʃ]
tapete (m) para mouse	кузан цуьрг	[kuzan tsʉrg]
botão (m)	кнопка	[knɔpk]
cursor (m)	курсор	[kursɔr]
monitor (m)	монитор	[mɔnɪtɔr]
tela (f)	экран	[ɛkran]
disco (m) rígido	жёстки диск	[ʒɔstkɪ dɪsk]
capacidade (f) do disco rígido	жестки дискан барам	[ʒestkɪ dɪskan baram]
memória (f)	эс	[ɛs]
memória RAM (f)	оперативни эс	[ɔperatɪvnɪ ɛs]
arquivo (m)	файл	[fajl]
pasta (f)	папка	[papk]
abrir (vt)	схьаделла	[shadell]
fechar (vt)	дӏакъовла	[d'aqʔovl]
salvar (vt)	ӏалашдан	['alaʃdan]
deletar (vt)	дӏадаккха	[d'adakq]
copiar (vt)	копи яккха	[kɔpɪ jakq]
ordenar (vt)	сорташ дан	[sɔrtaʃ dan]
copiar (vt)	схьаяздан	[shajazdan]
programa (m)	программа	[prɔgramm]
software (m)	программни кхачам	[prɔgrammnɪ qatʃam]
programador (m)	программист	[prɔgrammɪst]
programar (vt)	программа хӏотто	[prɔgramm h'ɔtto]
hacker (m)	хакер	[haker]
senha (f)	пароль	[parɔlj]
vírus (m)	вирус	[wɪrus]
detectar (vt)	каро	[karɔ]
byte (m)	байт	[bajt]

megabyte (m)	мегабайт	[megabajt]
dados (m pl)	хаамаш	[ha'amaʃ]
base (f) de dados	хаамашан база	[ha'amaʃan baz]

cabo (m)	кабель	[kabelj]
desconectar (vt)	дӀадаккха	[d'adakq]
conectar (vt)	вовшахтаса	[vɔvʃahtas]

102. Internet. E-mail

internet (f)	интернет	[ɪnternet]
browser (m)	браузер	[brauzer]
motor (m) de busca	лехамийн ресурс	[lehamɪːn resurs]
provedor (m)	провайдер	[prɔvajder]

webmaster (m)	веб-мастер	[web master]
website (m)	веб-сайт	[web sajt]
web page (f)	веб-arlo	[web aɣɔ]

| endereço (m) | адрес | [adres] |
| livro (m) de endereços | адресийн книга | [adresɪːn knɪg] |

| caixa (f) de correio | поштан яьшка | [pɔʃtan jæʃk] |
| correio (m) | пошт | [pɔʃt] |

mensagem (f)	хаам	[ha'am]
remetente (m)	дӀадахьийтинарг	[d'adahɪːtɪnarg]
enviar (vt)	дӀадахьийта	[d'adahɪːt]
envio (m)	дӀадахьийтар	[d'adahɪːtar]

| destinatário (m) | схьаэцархо | [shaɛtsarhɔ] |
| receber (vt) | зхьаэца | [zhaɛts] |

| correspondência (f) | кехаташ дӀасакхехьийтар | [kehataʃ d'asaqehɪːtar] |
| corresponder-se (vr) | кехаташ дӀасакхехьийта | [kehataʃ d'asaqehɪːt] |

arquivo (m)	файл	[fajl]
fazer download, baixar (vt)	чудаккха	[tʃudakq]
criar (vt)	кхолла	[qɔll]
deletar (vt)	дӀадаккха	[d'adakq]
deletado (adj)	дӀадаьккхнарг	[d'adækqnarg]

conexão (f)	дазар	[dazar]
velocidade (f)	сихалла	[sɪhall]
modem (m)	модем	[mɔdem]

| acesso (m) | тӏекхочийла | [t'eqɔtʃɪːl] |
| porta (f) | порт | [pɔrt] |

| conexão (f) | дӀатасар | [d'atasar] |
| conectar (vi) | дӀатаса | [d'atas] |

| escolher (vt) | харжа | [harʒ] |
| buscar (vt) | леха | [leh] |

103. Eletricidade

eletricidade (f)	электричество	[ɛlektrɪtʃestvɔ]
elétrico (adj)	электрически	[ɛlektrɪtʃeskɪ]
planta (f) elétrica	электростанци	[ɛlektrɔstantsɪ]
energia (f)	ницкъ	[nɪtsqʔ]
energia (f) elétrica	электроницкъ	[ɛlektrɔnɪtsqʔ]
lâmpada (f)	лампа	[lamp]
lanterna (f)	фонарик	[fɔnarɪk]
poste (m) de iluminação	фонарь	[fɔnarʲ]
luz (f)	серло	[serlɔ]
ligar (vt)	лато	[latɔ]
desligar (vt)	дӏадайа	[d'adaj]
apagar a luz	серло дӏаяйа	[serlɔ d'ajaj]
queimar (vi)	дага	[dag]
curto-circuito (m)	электрически серий вовшахкхетар	[ɛlektrɪtʃeskɪ serɪ: vɔvʃahqetar]
ruptura (f)	хадор	[hadɔr]
contato (m)	хьакхадалар	[haqadalar]
interruptor (m)	дӏаяйоург	[d'ajajourg]
tomada (de parede)	розетка	[rɔzetk]
plugue (m)	мӏара	[m'ar]
extensão (f)	удлинитель	[udlɪnɪtelj]
fusível (m)	предохранитель	[predɔhranɪtelj]
fio, cabo (m)	сара	[sar]
instalação (f) elétrica	далор	[dalɔr]
ampère (m)	ампер	[amper]
amperagem (f)	токан ицкъ	[tɔkan ɪtsqʔ]
volt (m)	вольт	[vɔljt]
voltagem (f)	булам	[bulam]
aparelho (m) elétrico	электроприбор	[ɛlektrɔprɪbɔr]
indicador (m)	индикатор	[ɪndɪkatɔr]
eletricista (m)	электрик	[ɛlektrɪk]
soldar (vt)	лато	[latɔ]
soldador (m)	латорг	[latɔrg]
corrente (f) elétrica	ток	[tɔk]

104. Ferramentas

ferramenta (f)	гӏирс	[ɣɪrs]
ferramentas (f pl)	гӏирсаш	[ɣɪrsaʃ]
equipamento (m)	гӏирс хӏоттор	[ɣɪrs hɔttɔr]
martelo (m)	жӏов	[ʒ'ɔv]
chave (f) de fenda	сетал	[setal]

machado (m)	диг	[dɪg]
serra (f)	херх	[herh]
serrar (vt)	хьакха	[haq]
plaina (f)	воттан	[vɔttɑn]
aplainar (vt)	хьекха	[heq]
soldador (m)	латорг	[latɔrg]
soldar (vt)	лато	[latɔ]

lima (f)	ков	[kɔv]
tenaz (f)	морзах	[mɔrzɑh]
alicate (m)	чlапморзах	[ʧʼapmɔrzɑh]
formão (m)	сто	[stɔ]

broca (f)	буру	[buru]
furadeira (f) elétrica	буру	[buru]
furar (vt)	буру хьовзо	[buru hɔvzɔ]

| faca (f) | урс | [urs] |
| lâmina (f) | дитт | [dɪtt] |

afiado (adj)	ира	[ɪr]
cego (adj)	аьрта	[ært]
embotar-se (vr)	аьртадала	[ærtɑdɑl]
afiar, amolar (vt)	ирдан	[ɪrdɑn]

parafuso (m)	болт	[bɔlt]
porca (f)	гайка	[gɑjk]
rosca (f)	агар	[ɑgɑr]
parafuso (para madeira)	шуруп	[ʃurup]

| prego (m) | хьостам | [hɔstɑm] |
| cabeça (f) do prego | кlуж | [kʼuʒ] |

régua (f)	линейка	[lɪnejk]
fita (f) métrica	рулетка	[ruletk]
nível (m)	тlадам	[tʼɑdɑm]
lupa (f)	бlаьрг	[bʼærg]

medidor (m)	юсту прибор	[justu prɪbɔr]
medir (vt)	дуста	[dust]
escala (f)	шкала	[ʃkɑl]
indicação (f), registro (m)	гайтам	[gɑjtɑm]

| compressor (m) | компрессор | [kɔmpressɔr] |
| microscópio (m) | микроскоп | [mɪkrɔskɔp] |

bomba (f)	насос	[nasɔs]
robô (m)	робот	[rɔbɔt]
laser (m)	лазер	[lazer]

chave (f) de boca	гайкин доrlа	[gɑjkɪn dɔɣ]
fita (f) adesiva	скоч	[skɔʧ]
cola (f)	клей	[klej]

| lixa (f) | ялпаран кехат | [jalparɑn kehat] |
| mola (f) | пружина | [pruʒɪn] |

ímã (m)	магнит	[magnɪt]
luva (f)	карнаш	[karnaʃ]
corda (f)	чуха	[tʃuh]
cabo (~ de nylon, etc.)	тӀийриг	[t'ɪːrɪg]
fio (m)	сара	[sar]
cabo (~ elétrico)	кабель	[kabelj]
marreta (f)	варзап	[varzap]
pé de cabra (m)	ваба	[vab]
escada (f) de mão	лами	[lamɪ]
escada (m)	лами	[lamɪ]
enroscar (vt)	хьовзо	[hɔvzɔ]
desenroscar (vt)	схьахьовзо	[shahɔvzɔ]
apertar (vt)	юкъакъовла	[juqʔaqʔɔvl]
colar (vt)	тӀелато	[t'elatɔ]
cortar (vt)	хедо	[hedɔ]
falha (f)	доьхнарг	[døhnarg]
conserto (m)	тадар	[tadar]
consertar, reparar (vt)	тадан	[tadan]
regular, ajustar (vt)	нисдан	[nɪsdan]
verificar (vt)	хьажа	[haʒ]
verificação (f)	хьажар	[haʒar]
indicação (f), registro (m)	гайтам	[gajtam]
seguro (adj)	тешаме	[teʃame]
complicado (adj)	чолхе	[tʃɔlhe]
enferrujar (vi)	мекхадола	[meqadɔl]
enferrujado (adj)	мекхадоьлла	[meqadøll]
ferrugem (f)	мекха	[meq]

Transportes

105. Avião

avião (m)	кема	[kem]
passagem (f) aérea	авиабилет	[awɪabɪlet]
companhia (f) aérea	авиакомпани	[awɪakɔmpanɪ]
aeroporto (m)	аэропорт	[aərɔpɔrt]
supersônico (adj)	озал тlехь	[ɔzal t'eh]
comandante (m) do avião	кеман командир	[keman kɔmandɪr]
tripulação (f)	экипаж	[ɛkɪpaʒ]
piloto (m)	кеманхо	[kemanhɔ]
aeromoça (f)	стюардесса	[stʉardess]
copiloto (m)	штурман	[ʃturman]
asas (f pl)	тlемаш	[t'emaʃ]
cauda (f)	цlога	[ts'ɔg]
cabine (f)	кабина	[kabɪn]
motor (m)	двигатель	[dwɪgatelj]
trem (m) de pouso	шасси	[ʃassɪ]
turbina (f)	бера	[ber]
hélice (f)	бера	[ber]
caixa-preta (f)	lаьржа яьшка	['ærʒ jæʃk]
coluna (f) de controle	штурвал	[ʃturval]
combustível (m)	ягорг	[jagɔrg]
instruções (f pl) de segurança	инструкци	[ɪnstrukʦɪ]
máscara (f) de oxigênio	кислородан маска	[kɪslɔrɔdan mask]
uniforme (m)	униформа	[unɪfɔrm]
colete (m) salva-vidas	кlелхьарвоккху жилет	[k'elharvɔkqu ʒɪlet]
paraquedas (m)	четар	[ʧetar]
decolagem (f)	хьалагlаттар	[halaɣattar]
descolar (vi)	хьалагlатта	[halaɣatt]
pista (f) de decolagem	хьалагlотту аса	[halaɣɔttu as]
visibilidade (f)	гуш хилар	[guʃ hɪlar]
voo (m)	дахар	[dahar]
altura (f)	лакхалла	[laqall]
poço (m) de ar	хlаваъан ор	[h'ava?an ɔr]
assento (m)	меттиг	[mettɪg]
fone (m) de ouvido	ладуглургаш	[laduɣurgaʃ]
mesa (f) retrátil	цхьалха стол	[ʦhalha stɔl]
janela (f)	иллюминатор	[ɪllʉmɪnatɔr]
corredor (m)	чекхдолийла	[ʧeqdɔlɪːl]

106. Comboio

trem (m)	цlерпошт	[ts'erpɔʃt]
trem (m) elétrico	электричка	[ɛlektrɪtʃk]
trem (m)	чехка цlерпошт	[tʃehk ts'erpɔʃt]
locomotiva (f) diesel	тепловоз	[teplɔvɔz]
locomotiva (f) a vapor	цlермашен	[ts'ermaʃən]

vagão (f) de passageiros	вагон	[vagɔn]
vagão-restaurante (m)	вагон-ресторан	[vagɔn restɔran]

carris (m pl)	рельсаш	[reljsaʃ]
estrada (f) de ferro	аьчка некъ	['ætʃk neqʔ]
travessa (f)	шпала	[ʃpal]

plataforma (f)	платформа	[platfɔrm]
linha (f)	некъ	[neqʔ]
semáforo (m)	семафор	[semafɔr]
estação (f)	станци	[stantsɪ]

maquinista (m)	машинхо	[maʃɪnho]
bagageiro (m)	киранхо	[kɪranho]
hospedeiro, -a (m, f)	проводник	[prɔvɔdnɪk]
passageiro (m)	пассажир	[passaʒɪr]
revisor (m)	контролёр	[kɔntrolʲor]

corredor (m)	уче	[utʃe]
freio (m) de emergência	стоп-кран	[stɔp kran]

compartimento (m)	купе	[kupe]
cama (f)	терхи	[terhɪ]
cama (f) de cima	лакхара терхи	[laqar terhɪ]
cama (f) de baixo	лахара терхи	[lahar terhɪ]
roupa (f) de cama	меттан лоччарш	[mettan lɔtʃarʃ]

passagem (f)	билет	[bɪlet]
horário (m)	расписани	[raspɪsanɪ]
painel (m) de informação	хаамийн у	[ha:mɪ:n u]

partir (vt)	дlадаха	[d'adah]
partida (f)	дlадахар	[d'adahar]

chegar (vi)	схьакхача	[shaqatʃ]
chegada (f)	схьакхачар	[shaqatʃar]

chegar de trem	цlерпоштахь ван	[ts'erpɔʃtah van]
pegar o trem	цlерпошта тle хаа	[ts'erpɔʃt t'e ha'a]
descer de trem	цlерпошта тlера охьадосса	[ts'erpɔʃt t'er ɔhadɔss]

acidente (m) ferroviário	харцар	[hartsar]
locomotiva (f) a vapor	цlермашен	[ts'ermaʃən]
foguista (m)	кочегар	[kɔtʃegar]
fornalha (f)	дагор	[dagɔr]
carvão (m)	кlора	[k'ɔr]

107. Barco

| navio (m) | кема | [kem] |
| embarcação (f) | кема | [kem] |

barco (m) a vapor	цlеркема	[ts'erkem]
barco (m) fluvial	теплоход	[teplɔhod]
transatlântico (m)	лайнер	[lɑjner]
cruzeiro (m)	крейсер	[krejser]

iate (m)	яхта	[jɑht]
rebocador (m)	буксир	[buksɪr]
barcaça (f)	баржа	[barʒ]
ferry (m)	бурам	[burɑm]

| veleiro (m) | гатанан кема | [gɑtɑnɑn kem] |
| bergantim (m) | бригантина | [brɪgɑntɪn] |

| quebra-gelo (m) | ша-кема | [ʃɑ kem] |
| submarino (m) | хи бухахула лела кема | [hɪ buhɑhul lel kem] |

bote, barco (m)	кема	[kem]
baleeira (bote salva-vidas)	шлюпка	[ʃlʊpk]
bote (m) salva-vidas	кlелхьарвоккху шлюпка	[k'elhɑrvɔkqu ʃlʊpk]
lancha (f)	катер	[kɑter]

capitão (m)	капитан	[kɑpɪtɑn]
marinheiro (m)	хlордахо	[h'ɔrdɑho]
marujo (m)	хlордахо	[h'ɔrdɑho]
tripulação (f)	экипаж	[ɛkɪpɑʒ]

contramestre (m)	боцман	[bɔtsmɑn]
grumete (m)	юнга	[jung]
cozinheiro (m) de bordo	кок	[kɔk]
médico (m) de bordo	хи кеман лор	[hɪ kemɑn lɔr]

convés (m)	палуба	[pɑlub]
mastro (m)	мачта	[mɑtʃt]
vela (f)	гата	[gɑt]

porão (m)	трюм	[trʊm]
proa (f)	кеман мара	[kemɑn mɑr]
popa (f)	кеман цlога	[kemɑn ts'og]
remo (m)	пийсиг	[pɪːsɪg]
hélice (f)	винт	[wɪnt]

cabine (m)	каюта	[kɑjut]
sala (f) dos oficiais	кают-компани	[kɑjut kɔmpɑnɪ]
sala (f) das máquinas	машинийн отделени	[mɑʃɪnɪːn ɔtdelenɪ]
ponte (m) de comando	капитанан тlай	[kɑpɪtɑnɑn t'ɑj]
sala (f) de comunicações	радиотрубка	[rɑdɪɔtrubk]
onda (f)	тулгlе	[tulɣe]
diário (m) de bordo	кеман журнал	[kemɑn ʒurnɑl]
luneta (f)	турмал	[turmɑl]
sino (m)	горгал	[gɔrgɑl]

bandeira (f)	байракх	[bajraq]
cabo (m)	муш	[muʃ]
nó (m)	шад	[ʃad]
corrimão (m)	тӏам	[t'am]
prancha (f) de embarque	лами	[lamɪ]
âncora (f)	якорь	[jakorʲ]
recolher a âncora	якорь хьалаайа	[jakorʲ hala'aj]
jogar a âncora	якорь кхосса	[jakorʲ qɔss]
amarra (corrente de âncora)	якоран зӏе	[jakoran z'e]
porto (m)	порт	[pɔrt]
cais, amarradouro (m)	дӏатосийла	[d'atɔsɪːl]
atracar (vi)	йистедало	[jɪstedalɔ]
desatracar (vi)	дӏадаха	[d'adah]
viagem (f)	араваьлла лелар	[aravæll lelar]
cruzeiro (m)	круиз	[kruɪz]
rumo (m)	курс	[kurs]
itinerário (m)	маршрут	[marʃrut]
canal (m) de navegação	фарватер	[farvater]
banco (m) de areia	гомхалла	[gɔmhall]
encalhar (vt)	гӏамарла даха	[ɣamarl dah]
tempestade (f)	дарц	[darts]
sinal (m)	сигнал	[sɪgnal]
afundar-se (vr)	бухадаха	[buhadah]
SOS	SOS	[sɔs]
boia (f) salva-vidas	кӏелхьарвоккху го	[k'elharvɔkqu gɔ]

108. Aeroporto

aeroporto (m)	аэропорт	[aərɔpɔrt]
avião (m)	кема	[kem]
companhia (f) aérea	авиакомпани	[awɪakɔmpanɪ]
controlador (m) de tráfego aéreo	диспетчер	[dɪspetʃer]
partida (f)	дӏадахар	[d'adahar]
chegada (f)	схьакхачар	[shaqatʃar]
chegar (vi)	схьакхача	[shaqatʃ]
hora (f) de partida	гӏовтаран хан	[ɣɔvtaran han]
hora (f) de chegada	схьакхачаран хан	[shaqatʃaran han]
estar atrasado	хьедала	[hedal]
atraso (m) de voo	хьедар	[hedar]
painel (m) de informação	хаамийн табло	[haːmɪːn tablɔ]
informação (f)	хаам	[ha'am]
anunciar (vt)	кхайкхо	[qajqɔ]
voo (m)	рейс	[rejs]

| alfândega (f) | таможни | [tamɔʒnɪ] |
| funcionário (m) da alfândega | таможхо | [tamɔʒho] |

declaração (f) alfandegária	деклараци	[deklaratsɪ]
preencher a declaração	деклараци язъян	[deklaratsɪ jazʔjan]
controle (m) de passaporte	пастпортан контроль	[pastpɔrtan kɔntrɔlj]

bagagem (f)	кира	[kɪr]
bagagem (f) de mão	куьйга леладен кира	[kʉjg leladen kɪr]
carrinho (m)	гӀудалкх	[ɣudalq]

pouso (m)	охьахаар	[ɔhahaʼar]
pista (f) de pouso	охьахааден аса	[ɔhahaʼaden as]
aterrissar (vi)	охьахаа	[ɔhahaʼa]
escada (f) de avião	лами	[lamɪ]

check-in (m)	регистраци	[regɪstratsɪ]
balcão (m) do check-in	регистрацин гӀопаста	[regɪstratsɪn ɣɔpast]
fazer o check-in	регистраци ян	[regɪstratsɪ jan]
cartão (m) de embarque	тӀехааден талон	[tʼehaʼaden talon]
portão (m) de embarque	арадалар	[aradalar]

trânsito (m)	транзит	[tranzɪt]
esperar (vi, vt)	хьежа	[heʒ]
sala (f) de espera	хьежаран зал	[heʒaran zal]
despedir-se (acompanhar)	новкъадаккха	[nɔvqʔadakq]
despedir-se (dizer adeus)	Ӏодика ян	[ʼɔdɪk jan]

Eventos

109. Férias. Evento

festa (f)	дезде	[dezde]
feriado (m) nacional	къаьмнийн дезде	[q?æmnɪːn dezde]
feriado (m)	деза де	[dez de]
festejar (vt)	даздан	[dazdan]
evento (festa, etc.)	хилларг	[hɪllarg]
evento (banquete, etc.)	мероприяти	[merɔprɪjatɪ]
banquete (m)	той	[tɔj]
recepção (f)	тlеэцар	[t'ɛɛtsar]
festim (m)	той	[tɔj]
aniversário (m)	шо кхачар	[ʃɔ qatʃar]
jubileu (m)	юбилей	[jubɪlej]
celebrar (vt)	билгалдаккха	[bɪlgaldakq]
Ano (m) Novo	Керла шо	[kerl ʃɔ]
Feliz Ano Novo!	Керлачу шарца декъал дойла шу!	[kerlatʃu ʃarts deq?al dɔjl ʃu]
Natal (m)	Рождество	[rɔʒdestvɔ]
Feliz Natal!	Рождествоца декъал дойла шу!	[rɔʒdestvɔts deq?al dɔjl ʃu]
árvore (f) de Natal	керлачу шеран ёлка	[kerlatʃu ʃəran jolk]
fogos (m pl) de artifício	салют	[salut]
casamento (m)	ловзар	[lɔvzar]
noivo (m)	зуда ехна стаг	[zud ehn stag]
noiva (f)	нускал	[nuskal]
convidar (vt)	схьакхайкха	[shaqajq]
convite (m)	кхайкхар	[qajqar]
convidado (m)	хьаша	[haʃ]
visitar (vt)	хьошалгlа ваха	[hɔʃaly vah']
receber os convidados	хьешашна дуьхьалваха	[heʃaʃn dʉhalvah]
presente (m)	совгlат	[sɔvɣat]
oferecer, dar (vt)	совгlатна дала	[sɔvɣatn dal]
receber presentes	совгlаташ схьаэца	[sɔvɣataʃ sha'ɛts]
buquê (m) de flores	курс	[kurs]
felicitações (f pl)	декъалдар	[deq?aldar]
felicitar (vt)	декъалдан	[deq?aldan]
cartão (m) de parabéns	декъалден открытка	[deq?alden ɔtkrɪtk]
enviar um cartão postal	открытка дlадахьийта	[ɔtkrɪtk d'adahɪːt]

receber um cartão postal	открытка схьаэца	[ɔtkrɪtk shaəts]
brinde (m)	кад	[kad]
oferecer (vt)	дала	[dal]
champanhe (m)	шампански	[ʃampanskɪ]

divertir-se (vr)	сакъера	[saqʔer]
diversão (f)	сакъерар	[saqʔerar]
alegria (f)	хазахетар	[hazahetar]

| dança (f) | хелхар | [helhar] |
| dançar (vi) | хелхадала | [helhadal] |

| valsa (f) | вальс | [valjs] |
| tango (m) | танго | [tangɔ] |

110. Funerais. Enterro

cemitério (m)	кешнаш	[keʃnaʃ]
sepultura (f), túmulo (m)	каш	[kaʃ]
lápide (f)	чурт	[tʃurt]
cerca (f)	керт	[kert]
capela (f)	килс	[kɪls]

morte (f)	далар	[dalar]
morrer (vi)	дала	[dal]
defunto (m)	велларг	[wellarg]
luto (m)	lаьржа	[ˈærʒ]

enterrar, sepultar (vt)	дӀадолла	[dˈadɔll]
funerária (f)	велчан ламаста ден бюро	[weltʃan lamast den bʉrɔ]
funeral (m)	тезет	[tezet]

coroa (f) de flores	кочар	[kɔtʃar]
caixão (m)	гроб	[grɔb]
carro (m) funerário	катафалк	[katafalk]
mortalha (f)	марчо	[martʃɔ]

| urna (f) funerária | урна | [urn] |
| crematório (m) | крематорий | [krematɔrɪ] |

obituário (m), necrologia (f)	некролог	[nekrɔlɔg]
chorar (vi)	делха	[delh]
soluçar (vi)	делха	[delh]

111. Guerra. Soldados

pelotão (m)	завод	[zavɔd]
companhia (f)	рота	[rɔt]
regimento (m)	полк	[pɔlk]
exército (m)	эскар	[ɛskar]
divisão (f)	дивизи	[dɪwɪzɪ]
esquadrão (m)	тоба	[tɔb]

hoste (f)	эскар	[ɛskar]
soldado (m)	салти	[saltɪ]
oficial (m)	эпсар	[ɛpsar]

soldado (m) raso	моɣарера	[mɔɣarer]
sargento (m)	сержант	[serʒant]
tenente (m)	лейтенант	[lejtenant]
capitão (m)	капитан	[kapɪtan]
major (m)	майор	[major]
coronel (m)	полковник	[pɔlkɔvnɪk]
general (m)	инарла	[ɪnarl]

marujo (m)	хlордахо	[h'ɔrdaho]
capitão (m)	капитан	[kapɪtan]
contramestre (m)	боцман	[bɔtsman]

artilheiro (m)	артиллерист	[artɪllerɪst]
soldado (m) paraquedista	десантхо	[desantho]
piloto (m)	кеманхо	[kemanho]
navegador (m)	штурман	[ʃturman]
mecânico (m)	механик	[mehanɪk]

sapador-mineiro (m)	сапёр	[sapʲor]
paraquedista (m)	парашютхо	[paraʃutho]
explorador (m)	талламхо	[tallamho]
atirador (m) de tocaia	иччархо	[ɪtʃarho]

patrulha (f)	патруль	[patrulj]
patrulhar (vt)	гlаролла дан	[ɣarɔll dan]
sentinela (f)	гlарол	[ɣarɔl]

guerreiro (m)	эскархо	[ɛskarhɔ]
patriota (m)	патриот	[patrɪɔt]
herói (m)	турпалхо	[turpalho]
heroína (f)	турпалхо	[turpalho]

traidor (m)	ямартхо	[jamartho]
desertor (m)	деддарг	[deddarg]
desertar (vt)	дада	[dad]

mercenário (m)	ялхо	[jalho]
recruta (m)	керла бlахо	[kerl b'aho]
voluntário (m)	лаамерниг	[la'amernɪg]

morto (m)	дийнарг	[dɪːnarg]
ferido (m)	чов хилла	[tʃov hɪll]
prisioneiro (m) de guerra	йийсархо	[jɪːsarhɔ]

112. Guerra. Ações militares. Parte 1

guerra (f)	тlом	[t'ɔm]
guerrear (vt)	тlом бан	[t'ɔm ban]
guerra (f) civil	граждански тlом	[graʒdanskɪ t'ɔm]
perfidamente	тешнабехкехь	[teʃnabehkeh]

declaração (f) de guerra	дӏахьебан	[d'aheban]
declarar guerra	хьебан	[heban]
agressão (f)	агресси	[agressɪ]
atacar (vt)	тӏелата	[t'elat]

invadir (vt)	дӏалаца	[d'alats]
invasor (m)	дӏалецархо	[d'aletsarhɔ]
conquistador (m)	даккхархо	[dakqarhɔ]

defesa (f)	дуьхьало, лардар	[dʉhalɔ], [lardar]
defender (vt)	дуьхьало ян, лардан	[dʉhalɔ jan], [lardan]
defender-se (vr)	дуьхьало ян	[dʉhalɔ jan]

| inimigo, adversário (m) | мостагӏ | [mɔstaɣ] |
| inimigo (adj) | мостагӏийн | [mɔstaɣɪːn] |

| estratégia (f) | стратеги | [strategɪ] |
| tática (f) | тактика | [taktɪk] |

ordem (f)	омра	[ɔmr]
comando (m)	буьйр	[bʉjr]
ordenar (vt)	омра дан	[ɔmr dan]
missão (f)	тӏедиллар	[t'edɪllar]
secreto (adj)	къайлаха	[q'ʔajlah]

| batalha (f) | латар | [latar] |
| combate (m) | тӏом | [t'ɔm] |

ataque (m)	атака	[atak]
assalto (m)	штурм	[ʃturm]
assaltar (vt)	штурм ян	[ʃturm jan]
assédio, sítio (m)	лацар	[latsar]

| ofensiva (f) | тӏелатар | [t'elatar] |
| tomar à ofensiva | тӏелета | [t'elet] |

| retirada (f) | юхадалар | [juhadalar] |
| retirar-se (vr) | юхадала | [juhadal] |

| cerco (m) | го бар | [gɔ bar] |
| cercar (vt) | го бан | [gɔ ban] |

bombardeio (m)	бомбанаш еттар	[bɔmbanaʃ ettar]
lançar uma bomba	бомб чукхосса	[bɔmb tʃukqɔss]
bombardear (vt)	бомбанаш етта	[bɔmbanaʃ ett]
explosão (f)	эккхар	[ɛkqar]

tiro (m)	ялар	[jalar]
dar um tiro	кхосса	[qɔss]
tiroteio (m)	кхийсар	[qɪːsar]

apontar para …	хьежо	[heʒɔ]
apontar (vt)	тӏехьажо	[t'ehaʒɔ]
acertar (vt)	кхета	[qet]
afundar (~ um navio, etc.)	хи бухадахийта	[hɪ buhadahɪːt]
brecha (f)	Ӏуьрг	['ʉrg]

afundar-se (vr)	хи буха даха	[hɪ buha dah]
frente (m)	фронт	[frɔnt]
evacuação (f)	эвакуаци	[ɛvakuatsɪ]
evacuar (vt)	эвакуаци ян	[ɛvakuatsɪ jan]

trincheira (f)	окоп, траншей	[ɔkɔp], [tranʃəj]
arame (m) enfarpado	кӏохцал-сара	[k'ɔhtsal sar]
barreira (f) anti-tanque	дуьхьало	[dɨhalɔ]
torre (f) de vigia	чардакх	[tʃardaq]

hospital (m) militar	госпиталь	[gɔspɪtalj]
ferir (vt)	чов ян	[tʃɔv jan]
ferida (f)	чов	[tʃɔv]
ferido (m)	чов хилла	[tʃɔv hɪll]
ficar ferido	чов хила	[tʃɔv hɪl]
grave (ferida ~)	хала	[hal]

113. Guerra. Ações militares. Parte 2

cativeiro (m)	йийсарехь хилар	[jɪːsareh hɪlar]
capturar (vt)	йийсар дан	[jɪːsar dan]
estar em cativeiro	йийсарехь хила	[jɪːsareh hɪl]
ser aprisionado	йийсарехь кхача	[jɪːsareh qatʃ]

campo (m) de concentração	концлагерь	[kɔntslagerʲ]
prisioneiro (m) de guerra	йийсархо	[jɪːsarhɔ]
escapar (vi)	дада	[dad]

trair (vt)	ямартдала	[jamartdal]
traidor (m)	ямартхо	[jamarthɔ]
traição (f)	ямартло	[jamartlɔ]

| fuzilar, executar (vt) | тоьпаш тоха | [tøpaʃ tɔh] |
| fuzilamento (m) | тоьпаш тохар | [tøpaʃ tɔhar] |

equipamento (m)	духар	[duhar]
insígnia (f) de ombro	погон	[pɔgɔn]
máscara (f) de gás	противогаз	[prɔtɪvɔgaz]

rádio (m)	раци	[ratsɪ]
cifra (f), código (m)	шифр	[ʃɪfr]
conspiração (f)	конспираци	[kɔnspɪratsɪ]
senha (f)	пароль	[parɔlj]

mina (f)	мина	[mɪn]
minar (vt)	минаш яхка	[mɪnaʃ jahk]
campo (m) minado	минийн аре	[mɪnɪːn are]

alarme (m) aéreo	хӏаваан орца	[h'ava'an ɔrts]
alarme (m)	орца	[ɔrts]
sinal (m)	сигнал	[sɪgnal]
sinalizador (m)	хааман ракета	[ha'aman raket]
quartel-general (m)	штаб	[ʃtab]
reconhecimento (m)	разведка	[razwedk]

situação (f)	хьал	[hal]
relatório (m)	рапорт	[raport]
emboscada (f)	кӀело	[k'elɔ]
reforço (m)	рӀо	[ɣɔ]

alvo (m)	гӀакх	[ɣaq]
campo (m) de tiro	полигон	[pɔlɪgɔn]
manobras (f pl)	манёвраш	[manʲovraʃ]

pânico (m)	дохар	[dɔhar]
devastação (f)	бохор	[bɔhor]
ruínas (f pl)	дохор	[dɔhor]
destruir (vt)	дохо	[dɔho]

sobreviver (vi)	дийна диса	[dɪːn dɪs]
desarmar (vt)	герз схьадаккха	[gerz shadakq]
manusear (vt)	лело	[lelɔ]

| Sentido! | Тийна! | [tɪːn] |
| Descansar! | ПаргӀат! | [parɣat] |

façanha (f)	хьуьнар	[hʉnar]
juramento (m)	дуй	[duj]
jurar (vi)	дуй баа	[duj ba'a]

condecoração (f)	совгӀат	[sɔvɣat]
condecorar (vt)	совгӀат дала	[sɔvɣat dal]
medalha (f)	мидал	[mɪdal]
ordem (f)	орден	[ɔrden]

vitória (f)	толам	[tɔlam]
derrota (f)	эшар	[ɛʃar]
armistício (m)	маслаӀат	[masla'at]

bandeira (f)	байракх	[bajraq]
glória (f)	гӀардалар	[ɣardalar]
parada (f)	парад	[parad]
marchar (vi)	марш-болар дан	[marʃ bɔlar dan]

114. Armas

arma (f)	герз	[gerz]
arma (f) de fogo	долу герз	[dɔlu gerz]
arma (f) branca	шийла герз	[ʃɪːl gerz]

arma (f) química	химически герз	[hɪmɪtʃeskɪ gerz]
nuclear (adj)	ядеран	[jaderan]
arma (f) nuclear	ядеран герз	[jaderan gerz]

| bomba (f) | бомба | [bɔmb] |
| bomba (f) atômica | атоман бомба | [atɔman bɔmb] |

| pistola (f) | тапча | [taptʃ] |
| rifle (m) | топ | [tɔp] |

semi-automática (f)	автомат	[ɑvtɔmɑt]
metralhadora (f)	пулемёт	[pulemʲot]
boca (f)	Iуьрг	[ˈʉrg]
cano (m)	чIижаргIа	[ʧʼɪʒɑrɣɑ]
calibre (m)	калибр	[kɑlɪbr]
gatilho (m)	лаг	[lɑg]
mira (f)	лалашо	[ˈɑlɑʃɔ]
carregador (m)	гIутакх	[ɣutɑq]
coronha (f)	хен	[hen]
granada (f) de mão	гранат	[grɑnɑt]
explosivo (m)	оьккхург	[økqurg]
bala (f)	даьндарг	[dændɑrg]
cartucho (m)	патарма	[pɑtɑrm]
carga (f)	бустам	[bustɑm]
munições (f pl)	тIеман гIирс	[tʼemɑn ɣɪrs]
bombardeiro (m)	бомбардировщик	[bɔmbɑrdɪrɔvʨɪk]
avião (m) de caça	истребитель	[ɪstrebɪtelj]
helicóptero (m)	вертолёт	[wertɔlʲot]
canhão (m) antiaéreo	зенитка	[zenɪtk]
tanque (m)	танк	[tɑnk]
canhão (de um tanque)	йоккха топ	[jokq tɔp]
artilharia (f)	артиллери	[ɑrtɪllerɪ]
fazer a pontaria	тIехьажо	[tʼehɑʒɔ]
projétil (m)	снаряд	[snɑrʲɑd]
granada (f) de morteiro	мина	[mɪn]
morteiro (m)	миномёт	[mɪnɔmʲot]
estilhaço (m)	гериг	[gerɪg]
submarino (m)	хи буха лела кема	[hɪ buhɑ lel kem]
torpedo (m)	торпеда	[tɔrped]
míssil (m)	ракета	[rɑket]
carregar (uma arma)	дуза	[duz]
disparar, atirar (vi)	кхийса	[qɪːs]
apontar para ...	хьежо	[heʒɔ]
baioneta (f)	цхьамза	[ʦhɑmz]
espada (f)	шпага	[ʃpɑg]
sabre (m)	тур	[tur]
lança (f)	гоьмукъ	[gømuqʔ]
arco (m)	секха Iад	[seq ˈɑd]
flecha (f)	пха	[ph]
mosquete (m)	мушкет	[muʃket]
besta (f)	арбалет	[ɑrbɑlet]

115. Povos da antiguidade

primitivo (adj)	духхьарлера	[duharler]
pré-histórico (adj)	историл хьалхара	[ɪstɔrɪl halhar]
antigo (adj)	мацахлера	[matsahler]
Idade (f) da Pedra	ТIулган оьмар	[t'ulgan ømar]
Idade (f) do Bronze	бронзанан оьмар	[brɔnzanan ømar]
Era (f) do Gelo	шен зама	[ʃen zam]
tribo (f)	тукхам	[tuqam]
canibal (m)	нахбуург	[nahbu'urg]
caçador (m)	таллархо	[tallarhɔ]
caçar (vi)	талла эха	[tall ɛh]
mamute (m)	мамонт	[mamɔnt]
caverna (f)	хьех	[heh]
fogo (m)	цIе	[ts'e]
fogueira (f)	цIе	[ts'e]
pintura (f) rupestre	тархаш тIера суьрташ	[tarhaʃ t'er sʉrtaʃ]
ferramenta (f)	къинхьегаман гIирс	[qʔɪnhegaman ɣɪrs]
lança (f)	гоьмукъ	[gømuqʔ]
machado (m) de pedra	тIулгийн диг	[t'ulgɪːn dɪg]
guerrear (vt)	тIом бан	[t'ɔm ban]
domesticar (vt)	караламо	[kara'amɔ]
ídolo (m)	цIу	[ts'u]
adorar, venerar (vt)	текъа	[teqʔ]
superstição (f)	доьгIначух тешар	[døɣnatʃuh teʃar]
ritual (m)	Iадат	['adat]
evolução (f)	эволюци	[ɛvɔlʉtsɪ]
desenvolvimento (m)	кхиам	[qɪam]
extinção (f)	дIадалар	[d'adalar]
adaptar-se (vr)	дIадола	[d'adɔl]
arqueologia (f)	археологи	[arheɔlɔgɪ]
arqueólogo (m)	археолог	[arheɔlɔg]
arqueológico (adj)	археологин	[arheɔlɔgɪn]
escavação (sítio)	ахкар	[ahkar]
escavações (f pl)	ахкар	[ahkar]
achado (m)	карийнарг	[karɪːnarg]
fragmento (m)	дакъа	[daqʔ]

116. Idade média

povo (m)	халкъ	[halqʔ]
povos (m pl)	адамаш	[adamaʃ]
tribo (f)	тукхам	[tuqam]
tribos (f pl)	тукхамаш	[tuqamaʃ]
bárbaros (pl)	варварш	[varvarʃ]

galeses (pl)	галлаш	[gallaʃ]
godos (pl)	готаш	[gɔtaʃ]
eslavos (pl)	славянаш	[slavʲanaʃ]
viquingues (pl)	викинг	[wɪkɪng]

| romanos (pl) | римлянаш | [rɪmljanaʃ] |
| romano (adj) | римски | [rɪmskɪ] |

bizantinos (pl)	византийцаш	[wɪzantɪːtsaʃ]
Bizâncio	Византи	[wɪzantɪ]
bizantino (adj)	византийн	[wɪzantɪːn]

imperador (m)	император	[ɪmperatɔr]
líder (m)	баьчча	[bætʃ]
poderoso (adj)	нуьцкъала	[nʉtsqʔal]
rei (m)	паччахь	[patʃah]
governante (m)	урхалча	[urhaltʃ]

cavaleiro (m)	къонах	[qʔɔnah]
senhor feudal (m)	феодал	[feɔdal]
feudal (adj)	феодалийн	[feɔdalɪːn]
vassalo (m)	вассал	[vassal]

duque (m)	герцог	[gertsɔg]
conde (m)	граф	[graf]
barão (m)	барон	[barɔn]
bispo (m)	епископ	[epɪskɔp]

armadura (f)	гӀаргӀ	[ɣaɣ]
escudo (m)	турс	[turs]
espada (f)	гӀалакх	[ɣalaq]
viseira (f)	цхар	[tshar]
cota (f) de malha	гӀаргӀ	[ɣaɣ]

| cruzada (f) | жӀаран тӀом | [ʒˈaran tˈɔm] |
| cruzado (m) | жӀархо | [ʒˈarhɔ] |

território (m)	латта	[latt]
atacar (vt)	тӀелата	[tˈelat]
conquistar (vt)	даккха	[dakq]
ocupar, invadir (vt)	дӀалаца	[dˈalats]

assédio, sítio (m)	лацар	[latsar]
sitiado (adj)	лаьцна	[lætsn]
assediar, sitiar (vt)	лаца	[lats]

inquisição (f)	Ӏазап латтор	[ˈazap lattɔr]
inquisidor (m)	Ӏазап латторхо	[ˈazap lattɔrhɔ]
tortura (f)	Ӏазап	[ˈazap]
cruel (adj)	къиза	[qʔɪz]
herege (m)	мунепакъ	[munepaqʔ]
heresia (f)	мунепакъ-Ӏилма	[munepaqʔ ˈɪlm]

navegação (f) marítima	хикема лелор	[hɪkem lelɔr]
pirata (m)	пират	[pɪrat]
pirataria (f)	пираталла	[pɪratall]

abordagem (f)	абордаж	[abɔrdaʒ]
presa (f), butim (m)	хӏонц	[hʼɔnts]
tesouros (m pl)	хазна	[hazn]

descobrimento (m)	гучудаккхар	[gutʃudakqar]
descobrir (novas terras)	гучудаккха	[gutʃudakq]
expedição (f)	экспедици	[ɛkspedɪtsɪ]

mosqueteiro (m)	мушкетёр	[muʃketʲor]
cardeal (m)	кардинал	[kardɪnal]
heráldica (f)	геральдика	[geraljdɪk]
heráldico (adj)	геральдически	[geraljdɪtʃeskɪ]

117. Líder. Chefe. Autoridades

rei (m)	паччахь	[patʃah]
rainha (f)	зуда-паччахь	[zud patʃah]
real (adj)	паччахьан	[patʃahan]
reino (m)	паччахьалла	[patʃahall]

príncipe (m)	принц	[prɪnts]
princesa (f)	принцесса	[prɪntsess]

presidente (m)	президент	[patʃah]
vice-presidente (m)	вице-президент	[wɪtse prezɪdent]
senador (m)	сенатхо	[senatho]

monarca (m)	монарх	[mɔnarh]
governante (m)	урхалча	[urhaltʃ]
ditador (m)	диктатор	[dɪktatɔr]
tirano (m)	lазапхо	[ʼazapho]
magnata (m)	магнат	[magnat]

diretor (m)	директор	[dɪrektɔr]
chefe (m)	куьйгалхо	[kʉjgalho]
gerente (m)	урхалхо	[urhalho]
patrão (m)	хьаькам	[hækam]
dono (m)	да	[d]

chefe (m)	куьйгалхо	[kʉjgalho]
autoridades (f pl)	хьаькамаш	[hækamaʃ]
superiores (m pl)	хьаькамаш	[hækamaʃ]

governador (m)	губернатор	[gubernatɔr]
cônsul (m)	консул	[kɔnsul]
diplomata (m)	дипломат	[dɪplɔmat]

Presidente (m) da Câmara	мэр	[mɛr]
xerife (m)	шериф	[ʃərɪf]

imperador (m)	император	[ɪmperatɔr]
czar (m)	паччахь	[patʃah]
faraó (m)	пирӏон	[pɪrʼɔn]
cã, khan (m)	хан	[han]

118. Violação da lei. Criminosos. Parte 1

bandido (m)	талорхо	[talɔrhɔ]
crime (m)	зулам	[zulam]
criminoso (m)	зуламхо	[zulamhɔ]
ladrão (m)	къу	[qʔu]
furto, roubo (m)	къола	[qʔɔl]
raptar, sequestrar (vt)	лачкъо	[latʃqʔɔ]
sequestro (m)	лачкъор	[latʃqʔɔr]
sequestrador (m)	лачкъийнарг	[latʃqʔɪːnarg]
resgate (m)	мах	[mah]
pedir resgate	мехах схьаэцар	[mehah shaətsar]
roubar (vt)	талор дан	[talɔr dan]
assalto, roubo (m)	талор, талор дар	[talɔr], [talɔr dar]
assaltante (m)	талорхо	[talɔrhɔ]
extorquir (vt)	нуьцкъала даккха	[nɨtsqʔal dakq]
extorsionário (m)	даккха гӏертарг	[dakq ɣertarg]
extorsão (f)	нуьцкъала даккхар	[nɨtsqʔal dakqar]
matar, assassinar (vt)	ден	[den]
homicídio (m)	дер	[der]
homicida, assassino (m)	дийнарг	[dɪːnarg]
tiro (m)	ялар	[jalar]
dar um tiro	кхосса	[qɔss]
matar a tiro	тоьпаца ден	[tøpats den]
disparar, atirar (vi)	кхийса	[qɪːs]
tiroteio (m)	кхийсар	[qɪːsar]
incidente (m)	хилларг	[hɪllarg]
briga (~ de rua)	вовшахлатар	[vɔvʃahlatar]
Socorro!	Гӏо дан кхайкха!	[ɣɔ dan qajqa!],
	Орца дала!	[ɔrts dal]
vítima (f)	хӏаллакъхилларг	[h'allaqʔɪllarg]
danificar (vt)	зен дан	[zen dan]
dano (m)	зен	[zen]
cadáver (m)	дакъа	[daqʔ]
grave (adj)	доккха	[dɔkq]
atacar (vt)	тӏелата	[t'elat]
bater (espancar)	етта	[ett]
espancar (vt)	етта	[ett]
tirar, roubar (dinheiro)	дӏадаккха	[d'adakq]
esfaquear (vt)	урс хьакха	[urs haq]
mutilar (vt)	заьлап дан	[zæ'ap dan]
ferir (vt)	чов ян	[tʃɔv jan]
chantagem (f)	шантаж	[ʃantaʒ]
chantagear (vt)	шантаж ян	[ʃantaʒ jan]

chantagista (m)	шантажхо	[ʃantaʒho]
extorsão (f)	рэкет	[rɛket]
extorsionário (m)	рэкитхо	[rɛkɪtho]
gângster (m)	гангстер	[gangster]
máfia (f)	мафи	[mafɪ]
punguista (m)	кисанан курхалча	[kɪsanan kurhaltʃ]
assaltante, ladrão (m)	къу	[q?u]
contrabando (m)	контрабанда	[kɔntraband]
contrabandista (m)	контрабандхо	[kɔntrabandho]
falsificação (f)	харц хӀума дар	[harts h'um dar]
falsificar (vt)	тардан	[tardan]
falsificado (adj)	харц	[harts]

119. Violação da lei. Criminosos. Parte 2

estupro (m)	хьийзор	[hɪːzɔr]
estuprar (vt)	хьийзо	[hɪːzɔ]
estuprador (m)	ницкъбархо	[nɪtsq?barhɔ]
maníaco (m)	маньяк	[manjak]
prostituta (f)	кхахьпа	[qahp]
prostituição (f)	кхахьпалла	[qahpall]
cafetão (m)	сутенёр	[sutenʲor]
drogado (m)	наркоман	[narkɔman]
traficante (m)	наркотикаш йохкархо	[narkɔtɪkaʃ johkarhɔ]
explodir (vt)	эккхийта	[ɛkqɪːt]
explosão (f)	эккхар	[ɛkqar]
incendiar (vt)	лато	[latɔ]
incendiário (m)	цӀетасархо	[ts'etasarhɔ]
terrorismo (m)	терроризм	[terrɔrɪzm]
terrorista (m)	террорхо	[terrɔrhɔ]
refém (m)	закъалт	[zaq?alt]
enganar (vt)	Ӏехо	['eho]
engano (m)	Ӏехор	['ehor]
vigarista (m)	хӀилланча	[h'ɪllantʃ]
subornar (vt)	эца	[ɛts]
suborno (atividade)	эцар	[ɛtsar]
suborno (dinheiro)	кхаъ	[qa?]
veneno (m)	дӀовш	[d'ɔvʃ]
envenenar (vt)	дӀовш мало	[d'ɔvʃ malɔ]
envenenar-se (vr)	дӀовш мала	[d'ɔvʃ mal]
suicídio (m)	ша-шен дар	[ʃa ʃən dar]
suicida (m)	ша-шен дийнарг	[ʃa ʃən dɪːnarg]
ameaçar (vt)	кхерам тийса	[qeram tɪːs]
ameaça (f)	кхерор	[qerɔr]

atentar contra a vida de ...	гІерта	[ɣert]
atentado (m)	гІортар	[ɣɔrtar]
roubar (um carro)	дІадига	[d'adɪg]
sequestrar (um avião)	дІадига	[d'adɪg]
vingança (f)	чІир	[tʃ'ɪr]
vingar (vt)	бекхам бан	[beqam ban]
torturar (vt)	Іазап дан	['azap dan]
tortura (f)	Іазап	['azap]
atormentar (vt)	Іазап далло	['azap dallɔ]
pirata (m)	пират	[pɪrat]
desordeiro (m)	хулиган	[hulɪgan]
armado (adj)	герзан	[gerzan]
violência (f)	ницкъ бар	[nɪtsqʔ bar]
espionagem (f)	шпионаж	[ʃpɪɔnaʒ]
espionar (vi)	зен	[zen]

120. Polícia. Lei. Parte 1

justiça (sistema de ~)	дов хаттар	[dɔv hattar]
tribunal (m)	суд	[sud]
juiz (m)	суьдхо	[sʉdho]
jurados (m pl)	векалш	[wekalʃ]
tribunal (m) do júri	векалашан суьд	[wekalaʃan sʉd]
julgar (vt)	суд ян	[sud jan]
advogado (m)	хьехамча	[hehamtʃ]
réu (m)	суьдерниг	[sʉdernɪg]
banco (m) dos réus	суьдерниган гІант	[sʉdernɪgan ɣant]
acusação (f)	бехкедар	[behkedar]
acusado (m)	бехкевийриг	[behkevɪːrɪg]
sentença (f)	кхел	[qel]
sentenciar (vt)	кхел ян	[qel jan]
culpado (m)	бехкениг	[behkenɪg]
punir (vt)	таІзар дан	[ta'zar dan]
punição (f)	таІзар	[ta'zar]
multa (f)	гІуда	[ɣud]
prisão (f) perpétua	валлалц чуволлар	[vallalts tʃuvɔllar]
pena (f) de morte	ден суд ян	[den sud jan]
cadeira (f) elétrica	электрически гІант	[ɛlektrɪtʃeskɪ ɣant]
forca (f)	тангІалкх	[tanɣalq]
executar (vt)	ден	[den]
execução (f)	ден суд яр	[den sud jar]
prisão (f)	набахте	[nabahte]

cela (f) de prisão	камера	[kamer]
escolta (f)	кано	[kanɔ]
guarda (m) prisional	tlexьожург	[tʼehɔʒurg]
preso, prisioneiro (m)	лаьцна стаг	[læts̆n stag]

| algemas (f pl) | гlоьмаш | [ɣømaʃ] |
| algemar (vt) | гlоьмаш йохка | [ɣømaʃ johk] |

fuga, evasão (f)	дадар	[dadar]
fugir (vi)	дада	[dad]
desaparecer (vi)	къайладала	[qʔajladal]
soltar, libertar (vt)	мукъадаккха	[muqʔadakq]
anistia (f)	амнисти	[amnɪstɪ]

polícia (instituição)	полици	[pɔlɪts̆ɪ]
polícia (m)	полици	[pɔlɪts̆ɪ]
delegacia (f) de polícia	полицин дакъа	[pɔlɪts̆ɪn daqʔ]
cassetete (m)	резинин чхьонкар	[rezɪnɪn ʧhɔnkar]
megafone (m)	рупор	[rupɔr]

carro (m) de patrulha	патрулан машина	[patrulan maʃɪn]
sirene (f)	сирена	[sɪren]
ligar a sirene	сирена лато	[sɪren latɔ]
toque (m) da sirene	yгlap	[uɣar]

cena (f) do crime	хилла меттиг	[hɪll mettɪg]
testemunha (f)	теш	[teʃ]
liberdade (f)	паргlato	[parɣatɔ]
cúmplice (m)	декъахо	[deqʔaho]
escapar (vi)	къайладала	[qʔajladal]
traço (não deixar ~s)	лар	[lar]

121. Polícia. Lei. Parte 2

procura (f)	лахар	[lahar]
procurar (vt)	леха	[leh]
suspeita (f)	шекьхилар	[ʃekʲhɪlar]
suspeito (adj)	шеконан	[ʃekɔnan]
parar (veículo, etc.)	сацо	[sats̆ɔ]
deter (fazer parar)	сацо	[sats̆ɔ]

caso (~ criminal)	дов	[dɔv]
investigação (f)	таллам	[tallam]
detetive (m)	детектив, лахарча	[detektɪv], [lahartʃ]
investigador (m)	талламхо	[tallamho]
versão (f)	верси	[wersɪ]

motivo (m)	бахьана	[bahan]
interrogatório (m)	ледар	[ledar]
interrogar (vt)	ледан	[ledan]
questionar (vt)	ледан	[ledan]
verificação (f)	хьажар	[haʒar]
batida (f) policial	гo бар	[gɔ bar]
busca (f)	хьажар	[haʒar]

perseguição (f)	тӀаьхьадалар	[t'æhadalar]
perseguir (vt)	тӀаьхьадаьлла лела	[t'æhadæll lel]
seguir, rastrear (vt)	хьежа	[heʒ]
prisão (f)	лацар	[latsar]
prender (vt)	лаца	[lats]
pegar, capturar (vt)	схьалаца	[shalats]
documento (m)	документ	[dɔkument]
prova (f)	тешам	[teʃam]
provar (vt)	тешо	[teʃɔ]
pegada (f)	лар	[lar]
impressões (f pl) digitais	тӀелгийн таммаӷанаш	[t'elgɪːn tammaɣanaʃ]
prova (f)	бахьана	[bahan]
álibi (m)	алиби	[alɪbɪ]
inocente (adj)	бехке доцу	[behke dɔtsu]
injustiça (f)	нийсо цахилар	[nɪːsɔ tsahɪlar]
injusto (adj)	нийса доцу	[nɪːs dɔtsu]
criminal (adj)	криминалан	[krɪmɪnalan]
confiscar (vt)	пачхьалкхдаккха	[patʃhalqdakq]
droga (f)	наркотик	[narkɔtɪk]
arma (f)	герз	[gerz]
desarmar (vt)	герз схьадаккха	[gerz shadakq]
ordenar (vt)	омра дан	[ɔmr dan]
desaparecer (vi)	къайладала	[q?ajladal]
lei (f)	закон	[zakɔn]
legal (adj)	законехь	[zakɔneh]
ilegal (adj)	законехь доцу	[zakɔneh dɔtsu]
responsabilidade (f)	жоьпалла	[ʒøpall]
responsável (adj)	жоьпаллин	[ʒøpallɪn]

NATUREZA

A Terra. Parte 1

122. Espaço sideral

espaço, cosmo (m)	космос	[kɔsmɔs]
espacial, cósmico (adj)	космосан	[kɔsmɔsɑn]
espaço (m) cósmico	космосан меттиг	[kɔsmɔsɑn mettɪg]
mundo (m)	дуьне	[dʉne]
universo (m)	Іалам	[ˈɑlɑm]
galáxia (f)	галактика	[gɑlɑktɪk]
estrela (f)	седа	[sed]
constelação (f)	седарчий гулам	[sedɑrtʃɪ: gulɑm]
planeta (m)	дуьне	[dʉne]
satélite (m)	спутник	[sputnɪk]
meteorito (m)	метеорит	[meteɔrɪt]
cometa (m)	комета	[kɔmet]
asteroide (m)	астероид	[ɑsterɔɪd]
órbita (f)	орбита	[ɔrbɪt]
girar (vi)	хьийза	[hɪ:z]
atmosfera (f)	хІаваъ	[hˈɑvɑʔ]
Sol (m)	Малх	[mɑlh]
Sistema (m) Solar	Маьлхан система	[mælhɑn sɪstem]
eclipse (m) solar	малх лацар	[mɑlh lɑtsɑr]
Terra (f)	Латта	[lɑtt]
Lua (f)	Бутт	[butt]
Marte (m)	Марс	[mɑrs]
Vênus (f)	Венера	[wener]
Júpiter (m)	Юпитер	[jupɪter]
Saturno (m)	Сатурн	[sɑturn]
Mercúrio (m)	Меркурий	[merkurɪ:]
Urano (m)	Уран	[urɑn]
Netuno (m)	Нептун	[neptun]
Plutão (m)	Плутон	[plutɔn]
Via Láctea (f)	Ча таккхийна Тача	[tʃɑ tɑqɪ:n tɑtʃ]
Ursa Maior (f)	ВорхІ вешин ворхІ седа	[vɔrh weʃɪn vɔrh sed]
Estrela Polar (f)	Къилбаседа	[qʔɪlbɑsed]
marciano (m)	марсианин	[mɑrsɪɑnɪn]
extraterrestre (m)	инопланетянин	[ɪnɔplɑnetʲɑnɪn]

alienígena (m)	пришелец	[prɪʃəleʦ]
disco (m) voador	хlаваэхула лела тарелка	[h'avaɛhul lel tarelk]
espaçonave (f)	космосан кема	[kɔsmɔsan kem]
estação (f) orbital	орбитин станци	[ɔrbɪtɪn stanʦɪ]
lançamento (m)	старт	[start]
motor (m)	двигатель	[dwɪgatelj]
bocal (m)	сопло	[sɔplɔ]
combustível (m)	ягорг	[jagɔrg]
cabine (f)	кабина	[kabɪn]
antena (f)	антенна	[anten]
vigia (f)	иллюминатор	[ɪllʉmɪnatɔr]
bateria (f) solar	маьлхан батарей	[mælhan batarej]
traje (m) espacial	скафандр	[skafandr]
imponderabilidade (f)	йозалла яр	[jozall jar]
oxigênio (m)	кислород	[kɪslɔrɔd]
acoplagem (f)	вовшахтасар	[vɔvʃahtasar]
fazer uma acoplagem	вовшахтасса	[vɔvʃahtass]
observatório (m)	обсерватори	[ɔbservatɔrɪ]
telescópio (m)	телескоп	[teleskɔp]
observar (vt)	тергам бан	[tergam ban]
explorar (vt)	талла	[tall]

123. A Terra

Terra (f)	Латта	[latt]
globo terrestre (Terra)	дуьне	[dʉne]
planeta (m)	дуьне, планета	[dʉne], [planet]
atmosfera (f)	атмосфера	[atmɔsfer]
geografia (f)	географи	[geɔgrafɪ]
natureza (f)	lалам	['alam]
globo (mapa esférico)	глобус	[glɔbus]
mapa (m)	карта	[kart]
atlas (m)	атлас	[atlas]
Europa (f)	Европа	[evrɔp]
Ásia (f)	Ази	[azɪ]
África (f)	Африка	[afrɪk]
Austrália (f)	Австрали	[avstralɪ]
América (f)	Америка	[amerɪk]
América (f) do Norte	Къилбаседан Америка	[q?ɪlbasedan amerɪk]
América (f) do Sul	Къилбера Америка	[q?ɪlber amerɪk]
Antártida (f)	Антарктида	[antarktɪd]
Ártico (m)	Арктика	[arktɪk]

124. Pontos cardeais

norte (m)	къилбаседа	[qʔɪlbased]
para norte	къилбаседехьа	[qʔɪlbasedeh]
no norte	къилбаседехь	[qʔɪlbasedeh]
do norte (adj)	къилбаседан	[qʔɪlbasedan]
sul (m)	къилбе	[qʔɪlbe]
para sul	къилбехьа	[qʔɪlbeh]
no sul	къилбехь	[qʔɪlbeh]
do sul (adj)	къилбера	[qʔɪlber]
oeste, ocidente (m)	малхбузе	[malhbuze]
para oeste	малхбузехьа	[malhbuzeh]
no oeste	малхбузехь	[malhbuzeh]
ocidental (adj)	малхбузера	[malhbuzer]
leste, oriente (m)	малхбале	[malhbale]
para leste	малхбалехьа	[malhbaleh]
no leste	малхбалехь	[malhbaleh]
oriental (adj)	малхбалехьара	[malhbalehar]

125. Mar. Oceano

mar (m)	хӏорд	[h'ɔrd]
oceano (m)	хӏорд, океан	[h'ɔrd], [ɔkean]
golfo (m)	айма	[ajm]
estreito (m)	хидоькъе	[hɪdøqʔe]
terra (f) firme	латта	[latt]
continente (m)	материк	[materɪk]
ilha (f)	гӏайре	[ɣajre]
península (f)	ахӏайре	['ahɣajre]
arquipélago (m)	архипелаг	[arhɪpelaɣ]
baía (f)	бухта	[buht]
porto (m)	гавань	[gavanj]
lagoa (f)	лагуна	[laɣun]
cabo (m)	мара	[mar]
atol (m)	атолл	[atɔll]
recife (m)	риф	[rɪf]
coral (m)	маржак	[marʒak]
recife (m) de coral	маржанийн риф	[marʒanɪ:n rɪf]
profundo (adj)	кӏоарга	[k'ɔarg]
profundidade (f)	кӏоргалла	[k'ɔrgall]
abismo (m)	бух боцу Ӏин	[buh bɔtsu 'ɪn]
fossa (f) oceânica	кӏаг	[k'aɣ]
corrente (f)	дӏаэхар	[d'aəhar]
banhar (vt)	го бяккхина хи хила	[gɔ bækqɪn hɪ hɪl]
litoral (m)	хийист	[hɪ:ɪst]

costa (f)	йист	[jɪst]
maré (f) alta	хӀорд тӀекхетар	[h'ɔrd t'eqetar]
refluxo (m)	хӀорд чубожа боьлла	[h'ɔrd tʃubɔʒ bøll]
restinga (f)	гомхе	[gɔmhe]
fundo (m)	бух	[buh]
onda (f)	тулгӀе	[tulɣe]
crista (f) da onda	тулгӀийн дукъ	[tulɣɪ:n duqʔ]
espuma (f)	чопа	[tʃɔp]
tempestade (f)	дарц	[darts]
furacão (m)	мох балар	[mɔh balar]
tsunami (m)	цунами	[tsunamɪ]
calmaria (f)	штиль	[ʃtɪlj]
calmo (adj)	тийна	[tɪ:n]
polo (m)	полюс	[pɔlʉs]
polar (adj)	полюсан	[pɔlʉsan]
latitude (f)	шоралла	[ʃɔrall]
longitude (f)	дохалла	[dɔhall]
paralela (f)	параллель	[parallelj]
equador (m)	экватор	[ɛkvatɔr]
céu (m)	дуьне	[dʉne]
horizonte (m)	ана	[an]
ar (m)	хӀаваъ	[h'avaʔ]
farol (m)	маяк	[majak]
mergulhar (vi)	чулелха	[tʃulelh]
afundar-se (vr)	бухадаха	[buhadah]
tesouros (m pl)	хазна	[hazn]

126. Nomes de Mares e Oceanos

Oceano (m) Atlântico	Атлантически хӀорд	['atlantɪtʃeskɪ h'ɔrd]
Oceano (m) Índico	Индихойн хӀорд	[ɪndɪhojn h'ɔrd]
Oceano (m) Pacífico	Тийна хӀорд	[tɪ:n h'ɔrd]
Oceano (m) Ártico	Къилбаседанан Шен хӀорд	[qʔɪlbasedanan ʃɛn h'ɔrd]
Mar (m) Negro	Ӏаьржа хӀорд	['ærʒ hɔrd]
Mar (m) Vermelho	Цӏен хӀорд	[tsʼen h'ɔrd]
Mar (m) Amarelo	Можа хӀорд	[mɔʒ h'ɔrd]
Mar (m) Branco	Кӏайн хӀорд	[k'ajn h'ɔrd]
Mar (m) Cáspio	Каспи хӀорд	[kaspɪ h'ɔrd]
Mar (m) Morto	Са доцу хӀорд	[sa dɔtsu h'ɔrd]
Mar (m) Mediterrâneo	Средизмени хӀорд	[sredɪzemnɪ h'ɔrd]
Mar (m) Egeu	Эгейски хӀорд	[ɛgejskɪ h'ɔrd]
Mar (m) Adriático	Адреатически хӀорд	['adreatɪtʃeskɪ hɔrd]
Mar (m) Arábico	Аравийски хӀорд	['aravɪskɪ h'ɔrd]
Mar (m) do Japão	Японийн хӀорд	[japɔnɪ:n h'ɔrd]

Mar (m) de Bering	Берингово хӀорд	[berɪngɔvɔ h'ɔrd]
Mar (m) da China Meridional	Къилба-Китайн хӀорд	[q?ɪlb kɪtajn h'ɔrd]
Mar (m) de Coral	Маржанийн хӀорд	[marʒanɪːn h'ɔrd]
Mar (m) de Tasman	Тасманово хӀорд	[tasmanɔvɔ h'ɔrd]
Mar (m) do Caribe	Карибски хӀорд	[karɪbskɪ h'ɔrd]
Mar (m) de Barents	Баренцово хӀорд	[barentsɔvɔ h'ɔrd]
Mar (m) de Kara	Карски хӀорд	[karskɪ h'ɔrd]
Mar (m) do Norte	Къилбаседан хӀорд	[q?ɪlbasedan h'ɔrd]
Mar (m) Báltico	Балтийски хӀорд	[baltɪːskɪ h'ɔrd]
Mar (m) da Noruega	Норвержски хӀорд	[nɔrwerʒskɪ h'ɔrd]

127. Montanhas

montanha (f)	лам	[lam]
cordilheira (f)	ламнийн моргӏа	[lamnɪːn mɔɣ]
serra (f)	ламанан дукъ	[lamanan duq?]
cume (m)	бохь	[bɔh]
pico (m)	бохь	[bɔh]
pé (m)	кӏажа	[k'aʒ]
declive (m)	басе	[base]
vulcão (m)	тӏаплам	[t'aplam]
vulcão (m) ativo	тӏепинг	[t'epɪng]
vulcão (m) extinto	байна тӏаплам	[bajn t'aplam]
erupção (f)	хьалатохар	[halatohar]
cratera (f)	кратер	[krater]
magma (m)	магма	[magm]
lava (f)	лава	[lav]
fundido (lava ~a)	цӏийдина	[ts'ɪːdɪn]
cânion, desfiladeiro (m)	Ӏин	['ɪn]
garganta (f)	чӏож	[tʃ'ɔʒ]
fenda (f)	чӏаж	[tʃ'aʒ]
passo, colo (m)	ламанан дукъ	[lamanan duq?]
planalto (m)	акъари	['aq?arɪ]
falésia (f)	тарх	[tarh]
colina (f)	гу	[gu]
geleira (f)	ша-ор	[ʃa ɔr]
cachoeira (f)	чухчари	[tʃuhtʃarɪ]
gêiser (m)	гейзер	[gejzer]
lago (m)	Ӏам	['am]
planície (f)	аре	[are]
paisagem (f)	пейзаж	[pejzaʒ]
eco (m)	йилбазмохь	[jɪlbazmɔh]
alpinista (m)	алтпинист	[altpɪnɪst]
escalador (m)	тархашхо	[tarhaʃhɔ]

| conquistar (vt) | карадало | [karadalɔ] |
| subida, escalada (f) | тӏедалар | [t'edalar] |

128. Nomes de montanhas

Alpes (m pl)	Альпаш	[aljpaʃ]
Monte Branco (m)	Монблан	[mɔnblan]
Pirineus (m pl)	Пиренеи	[pɪreneɪ]
Cárpatos (m pl)	Карпаташ	[karpataʃ]
Urais (m pl)	Уралан лаьмнаш	[uralan læmnaʃ]
Cáucaso (m)	Кавказ	[kavkaz]
Elbrus (m)	Эльбрус	[ɛljbrus]
Altai (m)	Алтай	[altaj]
Tian Shan (m)	Тянь-Шань	[t'anj ʃanj]
Pamir (m)	Памир	[pamɪr]
Himalaia (m)	Гималаи	[gɪmalaɪ]
monte Everest (m)	Эверест	[ɛwerest]
Cordilheira (f) dos Andes	Анднаш	[andnaʃ]
Kilimanjaro (m)	Килиманджаро	[kɪlɪmandʒarɔ]

129. Rios

rio (m)	доьду хи	[dødu hɪ]
fonte, nascente (f)	хьост, шовда	[hɔst], [ʃɔvd]
leito (m) de rio	харш	[harʃ]
bacia (f)	бассейн	[bassejn]
desaguar no …	кхета	[qet]
afluente (m)	га	[g]
margem (do rio)	хийист	[hɪːɪst]
corrente (f)	дӏаэхар	[d'aəhar]
rio abaixo	хица охьа	[hɪts ɔh]
rio acima	хица хьала	[hɪts hal]
inundação (f)	хи тӏедалар	[hɪ t'edalar]
cheia (f)	дестар	[destar]
transbordar (vi)	деста	[dest]
inundar (vt)	дӏахьулдан	[d'ahuldan]
banco (m) de areia	гомхалла	[gɔmhall]
corredeira (f)	тарх	[tarh]
barragem (f)	сунт	[sunt]
canal (m)	татол	[tatɔl]
reservatório (m) de água	латтийла	[lattɪːl]
eclusa (f)	шлюз	[ʃlʉz]
corpo (m) de água	ӏам	['am]
pântano (m)	уьшал	[ʉʃal]

lamaçal (m)	уьшал	[ʉʃal]
redemoinho (m)	айма	[ajm]
riacho (m)	татол	[tatɔl]
potável (adj)	молу	[mɔlu]
doce (água)	теза	[tez]
gelo (m)	ша	[ʃ]
congelar-se (vr)	ша бан	[ʃa ban]

130. Nomes de rios

rio Sena (m)	Сена	[sen]
rio Loire (m)	Луара	[luar]
rio Tâmisa (m)	Темза	[temz]
rio Reno (m)	Рейн	[rejn]
rio Danúbio (m)	Дунай	[dunaj]
rio Volga (m)	Волга	[vɔlg]
rio Don (m)	Дон	[dɔn]
rio Lena (m)	Лена	[len]
rio Amarelo (m)	Хуанхэ	[huanhɛ]
rio Yangtzé (m)	Янцзы	[janʦzɪ]
rio Mekong (m)	Меконг	[mekɔng]
rio Ganges (m)	Ганг	[gang]
rio Nilo (m)	Нил	[nɪl]
rio Congo (m)	Конго	[kɔngɔ]
rio Cubango (m)	Окаванго	[ɔkavangɔ]
rio Zambeze (m)	Замбези	[zambezɪ]
rio Limpopo (m)	Лимпопо	[lɪmpɔpɔ]
rio Mississippi (m)	Миссисипи	[mɪssɪsɪpɪ]

131. Floresta

floresta (f), bosque (m)	хьун	[hun]
florestal (adj)	хьунан	[hunan]
mata (f) fechada	варш	[varʃ]
arvoredo (m)	боьлак	[bølak]
clareira (f)	ирзу	[ɪrzu]
matagal (m)	коьллаш	[køllaʃ]
mato (m), caatinga (f)	колл	[kɔll]
pequena trilha (f)	тача	[tatʃ]
ravina (f)	боьра	[bør]
árvore (f)	дитт	[dɪtt]
folha (f)	г１а	[ɣa]

folhagem (f)	гӀаш	[ɣaʃ]
queda (f) das folhas	гӀа дожар	[ɣa dɔʒar]
cair (vi)	охьа дожа	[ɔh dɔʒ]
topo (m)	бохь	[bɔh]

ramo (m)	га	[g]
galho (m)	га	[g]
botão (m)	патар	[patar]
agulha (f)	кӀохцалг	[k'ɔhʦalg]
pinha (f)	бӀар	[b'ar]

buraco (m) de árvore	хара	[har]
ninho (m)	бен	[ben]
toca (f)	Ӏуьрг	['ʉrg]

tronco (m)	гӀад	[ɣad]
raiz (f)	орам	[ɔram]
casca (f) de árvore	кевстиг	[kevstɪg]
musgo (m)	корсам	[kɔrsam]

arrancar pela raiz	бухдаккха	[buhdakq]
cortar (vt)	хьакха	[haq]
desflorestar (vt)	хьакха	[haq]
toco, cepo (m)	юьхк	[juhk]

fogueira (f)	цӀе	[ʦ'e]
incêndio (m) florestal	цӀе	[ʦ'e]
apagar (vt)	дӀадайа	[d'adaj]

guarda-parque (m)	хьуьнхо	[hʉnhɔ]
proteção (f)	лардар	[lardar]
proteger (a natureza)	лардан	[lardan]
caçador (m) furtivo	браконьер	[brakɔnjer]
armadilha (f)	гура	[gur]

| colher (cogumelos, bagas) | лахьо | [lahɔ] |
| perder-se (vr) | тила | [tɪl] |

132. Recursos naturais

recursos (m pl) naturais	Ӏаламан тӀаьхьалонаш	['alaman t'æhalɔnaʃ]
minerais (m pl)	пайде маьлданаш	[pajde mæ'danaʃ]
depósitos (m pl)	маьлданаш	[mæ'danaʃ]
jazida (f)	маьлданаш дохку	[mæ'danaʃ dɔhku]

extrair (vt)	даккха	[dakq]
extração (f)	даккхар	[dakqar]
minério (m)	маьлда	[mæ'd]
mina (f)	маьлда доккхийла, шахта	[mæ'd dɔkqɪ:l], [ʃaht]
poço (m) de mina	шахта	[ʃaht]
mineiro (m)	кӀорабаккхархо	[k'ɔrabakqarhɔ]

| gás (m) | газ | [gaz] |
| gasoduto (m) | газъюьргург | [gazʔʉgurg] |

petróleo (m)	нефть	[neftⁱ]
oleoduto (m)	нефтьузург	[neftⁱuzurg]
poço (m) de petróleo	нефтан чардакх	[neftan tʃardaq]
torre (f) petrolífera	буру туху вышка	[buru tuhu vɪʃk]
petroleiro (m)	танкер	[tanker]

areia (f)	гӏум	[ɣum]
calcário (m)	кир-маьлда	[kɪr mæ'd]
cascalho (m)	жарла	[ʒaɣ]
turfa (f)	lexa	['eh]
argila (f)	поппар	[pɔppar]
carvão (m)	кlopa	[k'ɔr]

ferro (m)	эчиг	[ɛtʃɪg]
ouro (m)	деши	[deʃɪ]
prata (f)	дети	[detɪ]
níquel (m)	никель	[nɪkelj]
cobre (m)	цlacta	[ts'ast]

zinco (m)	цинк	[tsɪnk]
manganês (m)	марганец	[marganets]
mercúrio (m)	гинсу	[gɪnsu]
chumbo (m)	даш	[daʃ]

mineral (m)	минерал	[mɪneral]
cristal (m)	кристалл	[krɪstall]
mármore (m)	шагатlулг	[ʃagat'ulg]
urânio (m)	уран	[uran]

A Terra. Parte 2

133. Tempo

tempo (m)	хенан хӏоттам	[ħenɑn h'ɔttɑm]
previsão (f) do tempo	хенан хӏоттаман прогноз	[ħenɑn h'ɔttɑmɑn prɔgnɔz]
temperatura (f)	температура	[temperatur]
termômetro (m)	термометр	[termɔmetr]
barômetro (m)	барометр	[bɑrɔmetr]
umidade (f)	тӏуьнан	[t'ɥnɑn]
calor (m)	йовхо	[jovho]
tórrido (adj)	довха	[dɔvh]
está muito calor	йовха	[jovh]
está calor	йовха	[jovh]
quente (morno)	довха	[dɔvh]
está frio	шийла	[ʃɪːl]
frio (adj)	шийла	[ʃɪːl]
sol (m)	малх	[mɑlh]
brilhar (vi)	кхета	[qet]
de sol, ensolarado	маьлхан	[mælhɑn]
nascer (vi)	схьакхета	[shɑqet]
pôr-se (vr)	чубуза	[tʃubuz]
nuvem (f)	марха	[mɑrh]
nublado (adj)	мархаш йолу	[mɑrhaʃ jolu]
nuvem (f) preta	марха	[mɑrh]
escuro, cinzento (adj)	кхоьлина	[qølɪn]
chuva (f)	догӏа	[dɔɣ]
está a chover	догӏа догӏлу	[dɔɣ dɔɣu]
chuvoso (adj)	догӏане	[dɔɣɑne]
chuviscar (vi)	серса	[sers]
chuva (f) torrencial	кхевсина догӏа	[qevsɪn dɔɣ]
aguaceiro (m)	догӏа	[dɔɣ]
forte (chuva, etc.)	чӏогӏа	[tʃ'ɔɣ]
poça (f)	ӏам	['ɑm]
molhar-se (vr)	тӏадо	[t'ɑdɔ]
nevoeiro (m)	дохк	[dɔhk]
de nevoeiro	дохк долу	[dɔhk dɔlu]
neve (f)	ло	[lɔ]
está nevando	ло догӏлу	[lɔ dɔɣu]

134. Tempo extremo. Catástrofes naturais

trovoada (f)	йочана	[jotʃan]
relâmpago (m)	ткъес	[tqʔes]
relampejar (vi)	стега	[steg]
trovão (m)	стигал къовкъар	[stɪgal qʔɔvqʔar]
trovejar (vi)	къекъа	[qʔeqʔ]
está trovejando	стигал къекъа	[stɪgal qʔeqʔ]
granizo (m)	къора	[qʔɔr]
está caindo granizo	къора йогӀу	[qʔɔr joɣu]
inundar (vt)	дӀахьулдан	[dʼahuldan]
inundação (f)	хи тӀедалар	[hɪ tʼedalar]
terremoto (m)	мохк бегор	[mɔhk begɔr]
abalo, tremor (m)	дегар	[degar]
epicentro (m)	эпицентр	[ɛpɪtsentr]
erupção (f)	хьалатохар	[halatɔhar]
lava (f)	лава	[lɑv]
tornado (m)	йилбазмох	[jɪlbazmɔh]
tornado (m)	торнадо	[tɔrnadɔ]
tufão (m)	тайфун	[tajfun]
furacão (m)	мох балар	[mɔh balar]
tempestade (f)	дарц	[darts]
tsunami (m)	цунами	[tsunamɪ]
ciclone (m)	дарц	[darts]
mau tempo (m)	йочана	[jotʃan]
incêndio (m)	цӀе	[tsʼe]
catástrofe (f)	катастрофа	[katastrɔf]
meteorito (m)	метеорит	[meteɔrɪt]
avalanche (f)	хьаьтт	[hætt]
deslizamento (m) de neve	чухарцар	[tʃuhartsar]
nevasca (f)	дарц	[darts]
tempestade (f) de neve	дарц	[darts]

Fauna

135. Mamíferos. Predadores

predador (m)	гӏира экха	[ɣɪr ɛq]
tigre (m)	цӏоькъалом	[ts'øq?alɔm]
leão (m)	лом	[lɔm]
lobo (m)	борз	[bɔrz]
raposa (f)	цхьогал	[tshɔgal]
jaguar (m)	ягуар	[jaguar]
leopardo (m)	леопард	[leɔpard]
chita (f)	гепард	[gepard]
pantera (f)	пантера	[panter]
puma (m)	пума	[pum]
leopardo-das-neves (m)	лайн цӏокъ	[lajn ts'ɔq?]
lince (m)	акха цициг	[aq tsɪtsɪg]
coiote (m)	койот	[kɔjot]
chacal (m)	чагӏалкх	[ʧaɣalq]
hiena (f)	чагӏалкх	[ʧaɣalq]

136. Animais selvagens

animal (m)	дийнат	[dɪːnat]
besta (f)	экха	[ɛq]
esquilo (m)	тарсал	[tarsal]
ouriço (m)	зу	[zu]
lebre (f)	пхьагал	[phagal]
coelho (m)	кролик	[krɔlɪk]
texugo (m)	даӏам	[da'am]
guaxinim (m)	акха жаьла	['aq ʒ'æl]
hamster (m)	оьпа	[øp]
marmota (f)	дӏам	[d'am]
toupeira (f)	боьлкъазар	[bølq?azar]
rato (m)	дахка	[dahk]
ratazana (f)	мукадахка	[mukadahk]
morcego (m)	бирдолаг	[bɪrdɔlag]
arminho (m)	горностай	[gɔrnɔstaj]
zibelina (f)	салор	[salɔr]
marta (f)	салор	[salɔr]
doninha (f)	дингад	[dɪngad]
visom (m)	норка	[nɔrk]

| castor (m) | бобр | [bɔbr] |
| lontra (f) | хешт | [heʃt] |

cavalo (m)	говр	[gɔvr]
alce (m)	боккха сай	[bɔkq saj]
veado (m)	сай	[saj]
camelo (m)	эмкал	[ɛmkal]

bisão (m)	бизон	[bɪzɔn]
auroque (m)	була	[bul]
búfalo (m)	гомаш-буга	[gɔmaʃ bug]

zebra (f)	зебр	[zebr]
antílope (m)	антилопа	[antɪlɔp]
corça (f)	лу	[lu]
gamo (m)	шоьккари	[ʃøkkarɪ]
camurça (f)	масар	[masar]
javali (m)	нал	[nal]

baleia (f)	кит	[kɪt]
foca (f)	тюлень	[tʉlenj]
morsa (f)	морж	[mɔrʒ]
urso-marinho (m)	котик	[kɔtɪk]
golfinho (m)	дельфин	[deljfɪn]

urso (m)	ча	[ʧ]
urso (m) polar	кӏайн ча	[kʼajn ʧa]
panda (m)	панда	[pand]

macaco (m)	маймал	[majmal]
chimpanzé (m)	шимпанзе	[ʃɪmpanze]
orangotango (m)	орангутанг	[ɔrangutang]
gorila (m)	горилла	[gɔrɪll]
macaco (m)	макака	[makak]
gibão (m)	гиббон	[gɪbbɔn]

elefante (m)	пийл	[pɪːl]
rinoceronte (m)	мермала	[mermaʼ]
girafa (f)	жираф	[ʒɪraf]
hipopótamo (m)	бегемот	[begemɔt]

| canguru (m) | кенгуру | [kenguru] |
| coala (m) | коала | [kɔal] |

mangusto (m)	мангуст	[mangust]
chinchila (f)	шиншилла	[ʃɪnʃɪll]
cangambá (f)	скунс	[skuns]
porco-espinho (m)	дикобраз	[dɪkɔbraz]

137. Animais domésticos

gata (f)	цициг	[tsɪtsɪg]
gato (m) macho	цициг	[tsɪtsɪg]
cavalo (m)	говр	[gɔvr]

| garanhão (m) | айгlар | ['ajɣar] |
| égua (f) | кхела | [qel] |

vaca (f)	етта	[ett]
touro (m)	сту	[stu]
boi (m)	сту	[stu]

ovelha (f)	жий	[ʒɪ:]
carneiro (m)	уьстагl	[ʉstaɣ]
cabra (f)	газа	[gaz]
bode (m)	бож	[bɔʒ]

| burro (m) | вир | [wɪr] |
| mula (f) | бlарза | [b'arz] |

porco (m)	хьакха	[haq]
leitão (m)	хуьрсик	[hʉrsɪk]
coelho (m)	кролик	[krɔlɪk]

| galinha (f) | котам | [kɔtam] |
| galo (m) | боргlал | [bɔrɣal] |

pata (f), pato (m)	бад	[bad]
pato (m)	нlаьна-бад	[n'æn bad]
ganso (m)	гlаз	[ɣaz]

| peru (m) | москал-нlаьна | [mɔskal n'æn] |
| perua (f) | москал-котам | [mɔskal kɔtam] |

animais (m pl) domésticos	цlера дийнаташ	[ts'er dɪ:nataʃ]
domesticado (adj)	караламийна	[kara'amɪ:n]
domesticar (vt)	караламо	[kara'amɔ]
criar (vt)	лело	[lelɔ]

fazenda (f)	ферма	[ferm]
aves (f pl) domésticas	зlакардаьхний	[z'akardæhnɪ:]
gado (m)	хьайбанаш	[hajbanaʃ]
rebanho (m), manada (f)	бажа	[baʒ]

estábulo (m)	божал	[bɔʒal]
chiqueiro (m)	хьакхарчийн божал	[haqartʃɪ:n bɔʒal]
estábulo (m)	божал	[bɔʒal]
coelheira (f)	кроликийн бун	[krɔlɪkɪ:n bun]
galinheiro (m)	котаман бун	[kɔtaman bun]

138. Pássaros

pássaro (m), ave (f)	олхазар	[ɔlhazar]
pombo (m)	кхокха	[qɔq]
pardal (m)	хьоза	[hɔz]
chapim-real (m)	цlирцlирхьоза	[ts'ɪrts'ɪrhɔz]
pega-rabuda (f)	къорза къиг	[q?ɔrz q?ɪg]
corvo (m)	хьаргlа	[harɣ]
gralha-cinzenta (f)	къиг	[q?ɪg]

| gralha-de-nuca-cinzenta (f) | жаг1жаг1а | [ʒaɣʒaɣ] |
| gralha-calva (f) | човка | [tʃovk] |

pato (m)	бад	[bad]
ganso (m)	г1аз	[ɣaz]
faisão (m)	акха котам	[aq kɔtam]

águia (f)	аьрзу	[ærzu]
açor (m)	куьйра	[kɥjr]
falcão (m)	леча	[letʃ]
abutre (m)	ломъаьрзу	[lɔmʔærzu]
condor (m)	кондор	[kɔndɔr]

cisne (m)	г1ург1аз	[ɣurɣaz]
grou (m)	г1апрг1ули	[ɣarɣulɪ]
cegonha (f)	ч1ерийдохург	[tʃʼerɪːdɔhurg]

papagaio (m)	тоти	[tɔtɪ]
beija-flor (m)	колибри	[kɔlɪbrɪ]
pavão (m)	т1аус	[tʼaus]

avestruz (m)	страус	[straus]
garça (f)	ч1ерийлоьцург	[tʃʼerɪːløtsurg]
flamingo (m)	фламинго	[flamɪŋɔ]
pelicano (m)	пеликан	[pelɪkan]

| rouxinol (m) | зарзар | [zarzar] |
| andorinha (f) | ч1ерг1ардиг | [tʃʼeɣardɪg] |

tordo-zornal (m)	шоршал	[ʃorʃal]
tordo-músico (m)	дека шоршал	[dek ʃorʃal]
melro-preto (m)	1аьржа шоршал	[ˈærʒ ʃorʃal]

andorinhão (m)	мерцхалдиг	[mertshaldɪg]
cotovia (f)	н1аьвла	[nˈævl]
codorna (f)	лекъ	[leqʔ]

pica-pau (m)	хенак1ур	[henakʼur]
cuco (m)	х1уттут	[hʼuttut]
coruja (f)	бух1а	[buhʼ]
bufo-real (m)	соька	[søk]
tetraz-grande (m)	къоракуота	[qʔɔrakuɔt]

| tetraz-lira (m) | акха котам | [aq kɔtam] |
| perdiz-cinzenta (f) | моша | [mɔʃ] |

estorninho (m)	алкханч	[alqantʃ]
canário (m)	можа хьоза	[mɔʒ hɔz]
galinha-do-mato (f)	акха котам	[aq kɔtam]

| tentilhão (m) | хьуьнан хьоза | [hɥnan hɔz] |
| dom-fafe (m) | лайн хьоза | [lajn hɔz] |

gaivota (f)	чайка	[tʃajk]
albatroz (m)	альбатрос	[aljbatrɔs]
pinguim (m)	пингвин	[pɪŋgwɪn]

139.   Peixes. Animais marinhos

brema (f)	чабакх-чІара	[t͡ʃabaq t͡ʃʼar]
carpa (f)	карп	[karp]
perca (f)	окунь	[ɔkunj]
siluro (m)	яй	[jaj]
lúcio (m)	гІазкхийн чІара	[ɣazqɪːn t͡ʃʼar]
salmão (m)	лосось	[lɔsɔsʲ]
esturjão (m)	цІен чІара	[ts'en t͡ʃʼar]
arenque (m)	сельдь	[seljdʲ]
salmão (m) do Atlântico	сёмга	[sʲomg]
cavala, sarda (f)	скумбри	[skumbrɪ]
solha (f), linguado (m)	камбала	[kambal]
lúcio perca (m)	судак	[sudak]
bacalhau (m)	треска	[tresk]
atum (m)	тунец	[tunets]
truta (f)	бакъ чІара	[baqʔ t͡ʃʼar]
enguia (f)	жІаьлин чІара	[ʒʼælɪn t͡ʃʼar]
raia (f) elétrica	электрически скат	[ɛlektrɪt͡ʃeskɪ skat]
moreia (f)	мурена	[muren]
piranha (f)	пиранья	[pɪranj]
tubarão (m)	гІоркхма	[ɣɔrqm]
golfinho (m)	дельфин	[deljfɪn]
baleia (f)	кит	[kɪt]
caranguejo (m)	краб	[krab]
água-viva (f)	медуза	[meduz]
polvo (m)	бархІкогберг	[barhʼkɔgberg]
estrela-do-mar (f)	хІордан седа	[hʼɔrdan sed]
ouriço-do-mar (m)	хІордан зу	[hʼɔrdan zu]
cavalo-marinho (m)	хІордан говр	[hʼɔrdan gɔvr]
ostra (f)	устрица	[ustrɪts]
camarão (m)	креветка	[krewetk]
lagosta (f)	омар	[ɔmar]
lagosta (f)	лангуст	[langust]

140.   Anfíbios. Répteis

cobra (f)	лаьхьа	[læh]
venenoso (adj)	дІаьвше	[d'ævʃ]
víbora (f)	лаьхьа	[læh]
naja (f)	кобра	[kɔbr]
píton (m)	питон	[pɪtɔn]
jiboia (f)	саьрмикъ	[særmɪqʔ]
cobra-de-água (f)	вотангар	[vɔtangar]

| cascavel (f) | шов ден лаьхьа | [ʃɔv den læh] |
| anaconda (f) | анаконда | [anakɔnd] |

lagarto (m)	моьлкъа	[mølqʔ]
iguana (f)	игуана	[ɪguan]
varano (m)	варан	[varan]
salamandra (f)	саламандра	[salamandr]
camaleão (m)	хамелион	[hamelɪɔn]
escorpião (m)	скорпион	[skɔrpɪɔn]

tartaruga (f)	уьнтIапхьидI	[ʉnt'aphɪd]
rã (f)	пхьид	[phɪd]
sapo (m)	бецан пхьид	[betsan phɪd]
crocodilo (m)	саьрмикъ	[særmɪqʔ]

141. Insetos

inseto (m)	сагалмат	[sagalmat]
borboleta (f)	полла	[pɔll]
formiga (f)	зингат	[zɪngat]
mosca (f)	моза	[mɔz]
mosquito (m)	чуьрк	[tʃʉrk]
escaravelho (m)	чхьаьвриг	[tʃhævrɪg]

vespa (f)	зIуга	[z'ug]
abelha (f)	накхармоза	[naqarmɔz]
mamangaba (f)	бумбари	[bumbarɪ]
moscardo (m)	тIод	[t'ɔd]

| aranha (f) | гезг | [gezg] |
| teia (f) de aranha | гезгмаша | [gezgmaʃ] |

libélula (f)	шайтIанан дин	[ʃajt'anan dɪn]
gafanhoto (m)	цIаьпцалг	[ts'æptsalg]
traça (f)	полла	[pɔll]

barata (f)	чхьаьвриг	[tʃhævrɪg]
carrapato (m)	веччалг	[wetʃalg]
pulga (f)	сагал	[sagal]
borrachudo (m)	пхьажбуург	[phaʒbu'urg]

gafanhoto (m)	цIоз	[ts'ɔz]
caracol (m)	этмаьлиг	[ɛtmæ'ɪg]
grilo (m)	цаьпцалг	[tsæptsalg]
pirilampo, vaga-lume (m)	бумбари	[bumbarɪ]
joaninha (f)	дедо	[dedɔ]
besouro (m)	бумбари	[bumbarɪ]

sanguessuga (f)	цIубдар	[ts'ubdar]
lagarta (f)	нIаьвцициг	[n'ævtsɪtsɪg]
minhoca (f)	нIаьна	[n'æn]
larva (f)	нIаьна	[n'æn]

Flora

142. Árvores

árvore (f)	дитт	[dɪtt]
decídua (adj)	гӏаш долу	[ɣaʃ dɔlu]
conífera (adj)	баганан	[baganan]
perene (adj)	гуттар сийна	[guttar siːn]
macieira (f)	lаж	[ˈaʒ]
pereira (f)	кхор	[qɔr]
cerejeira, ginjeira (f)	балл	[ball]
ameixeira (f)	хьач	[hatʃ]
bétula (f)	дакх	[daq]
carvalho (m)	наж	[naʒ]
tília (f)	хьех	[heh]
choupo-tremedor (m)	мах	[mah]
bordo (m)	къахк	[qʔahk]
espruce (m)	база	[baz]
pinheiro (m)	зез	[zez]
alerce, lariço (m)	бага	[bag]
abeto (m)	пихта	[pɪht]
cedro (m)	кедр	[kedr]
choupo, álamo (m)	талл	[tall]
tramazeira (f)	датта	[datt]
salgueiro (m)	дак	[dak]
amieiro (m)	маъ	[maʔ]
faia (f)	поп	[pɔp]
ulmeiro, olmo (m)	муьшдечиг	[muʃdetʃɪg]
freixo (m)	къахьашту	[qʔahaʃtu]
castanheiro (m)	каштан	[kaʃtan]
magnólia (f)	магноли	[magnɔlɪ]
palmeira (f)	пальма	[paljm]
cipreste (m)	кипарис	[kɪparɪs]
mangue (m)	мангрови дитт	[mangrɔwɪ dɪtt]
embondeiro, baobá (m)	баобаб	[baɔbab]
eucalipto (m)	эквалипт	[ɛkvalɪpt]
sequoia (f)	секвойя	[sekvɔj]

143. Arbustos

arbusto (m)	колл	[kɔll]
arbusto (m), moita (f)	колл	[kɔll]

| videira (f) | кемсаш | [kemsaʃ] |
| vinhedo (m) | кемсийн беш | [kemsɪːn beʃ] |

framboeseira (f)	цІен комар	[tsʼen kɔmar]
groselheira-vermelha (f)	цІен кхезарш	[tsʼen qezarʃ]
groselheira (f) espinhosa	кІудалгаш	[kʼudalgaʃ]

acácia (f)	акаци	[akatsɪ]
bérberis (f)	муьстарг	[mʉstarg]
jasmim (m)	жасмин	[ʒasmɪn]

junípero (m)	жІолам	[ʒʼɔlam]
roseira (f)	розанийн кол	[rɔzanɪːn kɔl]
roseira (f) brava	хьармак	[harmak]

144. Frutos. Bagas

fruta (f)	стом	[stɔm]
frutas (f pl)	стоьмаш	[stømaʃ]
maçã (f)	Іаж	[ˈaʒ]

| pera (f) | кхор | [qɔr] |
| ameixa (f) | хьач | [hatʃ] |

morango (m)	цІазам	[tsʼazam]
ginja, cereja (f)	балл	[ball]
uva (f)	кемсаш	[kemsaʃ]

framboesa (f)	цІен комар	[tsʼen kɔmar]
groselha (f) negra	Іаьржа кхезарш	[ˈærʒ qezarʃ]
groselha (f) vermelha	цІен кхезарш	[tsʼen qezarʃ]

| groselha (f) espinhosa | кІудалгаш | [kʼudalgaʃ] |
| oxicoco (m) | клюква | [klʉkv] |

laranja (f)	апельсин	[apeljsɪn]
tangerina (f)	мандарин	[mandarɪn]
abacaxi (m)	ананас	[ananas]

| banana (f) | банан | [banan] |
| tâmara (f) | хурма | [hurm] |

limão (m)	лимон	[lɪmɔn]
damasco (m)	туьрк	[tʉrk]
pêssego (m)	ГІаммагІа	[ɣammaɣ]

| quiuí (m) | киви | [kɪwɪ] |
| toranja (f) | грейпфрут | [grejpfrut] |

baga (f)	цІазам	[tsʼazam]
bagas (f pl)	цІазамаш	[tsʼazamaʃ]
arando (m) vermelho	брусника	[brusnɪk]
morango-silvestre (m)	пхьагал-цІазам	[phagal tsʼazam]
mirtilo (m)	Іаьржа балл	[ˈærʒ ball]

145. Flores. Plantas

flor (f)	зезеаг	[zezeag]
buquê (m) de flores	курс	[kurs]
rosa (f)	роза	[rɔz]
tulipa (f)	алцlензlам	[ˈalts'enzˈam]
cravo (m)	гвоздика	[gvɔzdɪk]
gladíolo (m)	гладиолус	[gladɪɔlus]
centáurea (f)	сендарг	[sendarg]
campainha (f)	тухтати	[tuhtatɪ]
dente-de-leão (m)	баппа	[bapp]
camomila (f)	кlайдарг	[k'ajdarg]
aloé (m)	алоэ	[alɔɛ]
cacto (m)	кактус	[kaktus]
fícus (m)	фикус	[fɪkus]
lírio (m)	лили	[lɪlɪ]
gerânio (m)	герань	[geranj]
jacinto (m)	гиацинт	[gɪatsɪnt]
mimosa (f)	мимоза	[mɪmɔz]
narciso (m)	нарцисс	[nartsɪss]
capuchinha (f)	настурция	[nasturtsɪ]
orquídea (f)	орхидей	[ɔrhɪdej]
peônia (f)	цlен лерг	[ts'en lerg]
violeta (f)	тобалкх	[tɔbalq]
amor-perfeito (m)	анютийн бlаьргаш	[ˈanʉtɪːn bˈærgaʃ]
não-me-esqueças (m)	незабудка	[nezabudk]
margarida (f)	маргаритка	[margarɪtk]
papoula (f)	петlамат	[pet'amat]
cânhamo (m)	кlомал	[k'ɔmal]
hortelã, menta (f)	lаждарбуц	[ˈaʒdarbuts]
lírio-do-vale (m)	чlерlардиган кlа	[tʃ'eɣardɪgan k'a]
campânula-branca (f)	лайн зезаг	[lajn zezag]
urtiga (f)	нитташ	[nɪttaʃ]
azedinha (f)	муьстарг	[mʉstarg]
nenúfar (m)	кувшинка	[kuvʃɪnk]
samambaia (f)	чураш	[tʃuraʃ]
líquen (m)	корсам	[kɔrsam]
estufa (f)	оранжерей	[ɔranʒerej]
gramado (m)	бешмайда	[beʃmajd]
canteiro (m) de flores	хас	[has]
planta (f)	орамат	[ɔramat]
grama (f)	буц	[buts]
folha (f) de grama	бецан хелиг	[betsan helɪg]

folha (f)	гIа	[ɣɑ]
pétala (f)	жаз	[ʒɑz]
talo (m)	гIодам	[ɣɔdɑm]
tubérculo (m)	орамстом	[ɔrɑmstɔm]

| broto, rebento (m) | зIийдиг | [zʼɪːdɪg] |
| espinho (m) | кIохцал | [kʼɔhʦɑl] |

florescer (vi)	заза даккха	[zɑz dɑkq]
murchar (vi)	маргIалдола	[mɑrɣɑldɔl]
cheiro (m)	хьожа	[hɔʒ]
cortar (flores)	дIахадо	[dʼɑhɑdɔ]
colher (uma flor)	схьадаккха	[shɑdɑkq]

146. Cereais, grãos

grão (m)	буьртиг	[bʉrtɪg]
cereais (plantas)	буьртиган ораматаш	[bʉrtɪgɑn ɔrɑmɑtɑʃ]
espiga (f)	кан	[kɑn]

trigo (m)	кIа	[kʼɑ]
centeio (m)	божан	[bɔʒɑn]
aveia (f)	сула	[sul]
painço (m)	борц	[bɔrʦ]
cevada (f)	мукх	[muq]

milho (m)	хьаьжкIа	[hæʒkʼ]
arroz (m)	дуга	[dug]
trigo-sarraceno (m)	цIен дуга	[ʦʼen dug]

ervilha (f)	кхоьш	[qøʃ]
feijão (m) roxo	кхоь	[qø]
soja (f)	кхоь	[qø]
lentilha (f)	хьоьзийн кхоьш	[høzɪːn qøʃ]
feijão (m)	кхоьш	[qøʃ]

PAÍSES. NACIONALIDADES

147. Europa Ocidental

Europa (f)	Европа	[evrɔp]
União (f) Europeia	Европин Союз	[evrɔpɪn sɔjuz]
Áustria (f)	Австри	[avstrɪ]
Grã-Bretanha (f)	Великобритани	[welɪkɔbrɪtanɪ]
Inglaterra (f)	Ингалс	[ɪngals]
Bélgica (f)	Бельги	[beljgɪ]
Alemanha (f)	Германи	[germanɪ]
Países Baixos (m pl)	Нидерланды	[nɪderlandɪ]
Holanda (f)	Голланди	[gɔllandɪ]
Grécia (f)	Греци	[gretsɪ]
Dinamarca (f)	Дани	[danɪ]
Irlanda (f)	Ирланди	[ɪrlandɪ]
Islândia (f)	Исланди	[ɪslandɪ]
Espanha (f)	Испани	[ɪspanɪ]
Itália (f)	Итали	[ɪtalɪ]
Chipre (m)	Кипр	[kɪpr]
Malta (f)	Мальта	[maljt]
Noruega (f)	Норвеги	[nɔrwegɪ]
Portugal (m)	Португали	[pɔrtugalɪ]
Finlândia (f)	Финлянди	[fɪnljandɪ]
França (f)	Франци	[frantsɪ]
Suécia (f)	Швеци	[ʃwetsɪ]
Suíça (f)	Швейцари	[ʃwejtsarɪ]
Escócia (f)	Шотланди	[ʃotlandɪ]
Vaticano (m)	Ватикан	[vatɪkan]
Liechtenstein (m)	Лихтенштейн	[lɪhtenʃtejn]
Luxemburgo (m)	Люксембург	[lʉksemburg]
Mônaco (m)	Монако	[mɔnakɔ]

148. Europa Central e de Leste

Albânia (f)	Албани	[albanɪ]
Bulgária (f)	Болгари	[bɔlgarɪ]
Hungria (f)	Венгри	[wengrɪ]
Letônia (f)	Латви	[latwɪ]
Lituânia (f)	Литва	[lɪtv]
Polônia (f)	Польша	[pɔljʃ]

Romênia (f)	Румыни	[rumɪnɪ]
Sérvia (f)	Серби	[serbɪ]
Eslováquia (f)	Словаки	[slɔvɑкɪ]
Croácia (f)	Хорвати	[hɔrvɑtɪ]
República (f) Checa	Чехи	[tʃehɪ]
Estônia (f)	Эстони	[ɛstɔnɪ]
Bósnia e Herzegovina (f)	Босни е Герцоговина е	[bɔsnɪ e gerʦɔgɔwɪnə 2e]
Macedônia (f)	Македони	[mɑkedɔnɪ]
Eslovênia (f)	Словени	[slɔwenɪ]
Montenegro (m)	Черногори	[tʃernɔgɔrɪ]

149. Países da ex-URSS

Azerbaijão (m)	Азербайджан	[ɑzerbɑjdʒɑn]
Armênia (f)	Армени	[ɑrmenɪ]
Belarus	Беларусь	[belɑrusʲ]
Geórgia (f)	Грузи	[gruzɪ]
Cazaquistão (m)	Казахстан	[kɑzɑhstɑn]
Quirguistão (m)	Кыргызстан	[kɪrgɪzstɑn]
Moldávia (f)	Молдова	[mɔldɔv]
Rússia (f)	Росси	[rɔssɪ]
Ucrânia (f)	Украина	[ukrɑɪn]
Tajiquistão (m)	Таджикистан	[tɑdʒɪkɪstɑn]
Turquemenistão (m)	Туркменистан	[turkmenɪstɑn]
Uzbequistão (f)	Узбекистан	[uzbekɪstɑn]

150. Asia

Ásia (f)	Ази	[ɑzɪ]
Vietnã (m)	Вьетнам	[vjetnɑm]
Índia (f)	Инди	[ɪndɪ]
Israel (m)	Израиль	[ɪzrɑɪlʲ]
China (f)	Китай	[kɪtɑj]
Líbano (m)	Ливан	[lɪvɑn]
Mongólia (f)	Монголи	[mɔngɔlɪ]
Malásia (f)	Малази	[mɑlɑzɪ]
Paquistão (m)	Пакистан	[pɑkɪstɑn]
Arábia (f) Saudita	Саудовски Арави	[sɑudɔvskɪ ɑrɑwɪ]
Tailândia (f)	Таиланд	[tɑɪlɑnd]
Taiwan (m)	Тайвань	[tɑjvɑnʲ]
Turquia (f)	Турци	[turʦɪ]
Japão (m)	Япони	[jɑpɔnɪ]
Afeganistão (m)	Афганистан	[ɑfgɑnɪstɑn]
Bangladesh (m)	Бангладеш	[bɑnglɑdeʃ]

| Indonésia (f) | Индонези | [ɪndɔnezɪ] |
| Jordânia (f) | Иордани | [ɪɔrdɑnɪ] |

Iraque (m)	Ирак	[ɪrɑk]
Irã (m)	Иран	[ɪrɑn]
Camboja (f)	Камбоджа	[kɑmbɔdʒ]
Kuwait (m)	Кувейт	[kuvejt]

Laos (m)	Лаос	[lɑɔs]
Birmânia (f)	Мьянма	[mjɑnm]
Nepal (m)	Непал	[nepal]
Emirados Árabes Unidos	Цхьаьнакхеттачу Iаьрбийн Эмираташ	[tʃhænɑqettɑtʃu ˈærbɪːn ɛmɪrɑtɑʃ]

Síria (f)	Сири	[sɪrɪ]
Palestina (f)	Палестина	[palestɪn]
Coreia (f) do Sul	Къилбера Корея	[qʔɪlber kɔrej]
Coreia (f) do Norte	Къилбаседера Корея	[qʔɪlbɑseder kɔrej]

151. América do Norte

Estados Unidos da América	Америкин Цхьаьнакхетта Штаташ	[amerɪkɪn tʃhænɑqett ʃtataʃ]
Canadá (m)	Канада	[kɑnɑd]
México (m)	Мексика	[meksɪk]

152. América Central do Sul

Argentina (f)	Аргентина	[argentɪn]
Brasil (m)	Бразили	[brɑzɪlɪ]
Colômbia (f)	Колумби	[kɔlumbɪ]

| Cuba (f) | Куба | [kub] |
| Chile (m) | Чили | [tʃɪlɪ] |

| Bolívia (f) | Боливи | [bɔlɪwɪ] |
| Venezuela (f) | Венесуэла | [wenesuɛl] |

| Paraguai (m) | Парагвай | [parɑgvɑj] |
| Peru (m) | Перу | [peru] |

Suriname (m)	Суринам	[surɪnɑm]
Uruguai (m)	Уругвай	[urugvɑj]
Equador (m)	Эквадор	[ɛkvɑdɔr]

| Bahamas (f pl) | Багамахойн гӀайренаш | [bagamɑhojn ɣɑjrenɑʃ] |
| Haiti (m) | Гаити | [gɑɪtɪ] |

República Dominicana	Доминиканхойн республика	[dɔmɪnɪkɑnhojn respublɪk]
Panamá (m)	Панама	[pɑnɑm]
Jamaica (f)	Ямайка	[jɑmɑjk]

153. Africa

Egito (m)	Мисар	[mɪsɑr]
Marrocos	Марокко	[mɑrɔkkɔ]
Tunísia (f)	Тунис	[tunɪs]
Gana (f)	Гана	[gɑn]
Zanzibar (m)	Занзибар	[zɑnzɪbɑr]
Quênia (f)	Кени	[kenɪ]
Líbia (f)	Ливи	[lɪwɪ]
Madagascar (m)	Мадагаскар	[mɑdɑgɑskɑr]
Namíbia (f)	Намиби	[nɑmɪbɪ]
Senegal (m)	Сенегал	[senegɑl]
Tanzânia (f)	Танзани	[tɑnzɑnɪ]
África (f) do Sul	ЮАР	[juɑr]

154. Austrália. Oceania

Austrália (f)	Австрали	[ɑvstrɑlɪ]
Nova Zelândia (f)	Керла Зеланди	[kerl zelɑndɪ]
Tasmânia (f)	Тасмани	[tɑsmɑnɪ]
Polinésia (f) Francesa	Французийн Полинези	[frɑnʦuzi:n pɔlɪnezɪ]

155. Cidades

Amesterdã, Amsterdã	Амстердам	[amsterdam]
Ancara	Анкара	[ankar]
Atenas	Афинаш	[ɑfɪnɑʃ]
Bagdade	Багдад	[bagdad]
Bancoque	Бангкок	[bankɔk]
Barcelona	Барселона	[barselɔn]
Beirute	Бейрут	[bejrut]
Berlim	Берлин	[berlɪn]
Bonn	Бонн	[bɔn]
Bordéus	Бордо	[bɔrdɔ]
Bratislava	Братислава	[brɑtɪslɑv]
Bruxelas	Брюссель	[brʉsselj]
Bucareste	Бухарест	[buharest]
Budapeste	Будапешт	[budɑpeʃt]
Cairo	Каир	[kɑɪr]
Calcutá	Калькутта	[kɑljkutt]
Chicago	Чикаго	[ʧɪkɑgɔ]
Cidade do México	Мехико	[mehɪkɔ]
Copenhague	Копенгаген	[kɔpengɑgen]
Dar es Salaam	Дар-эс-Салам	[dɑr ɛs sɑlɑm]
Deli	Дели	[delɪ]

Dubai	Дубай	[dubaj]
Dublim	Дублин	[dublɪn]
Düsseldorf	Дюссельдорф	[dusseljdɔrf]
Estocolmo	Стокгольм	[stɔkgɔljm]
Florença	Флоренци	[flɔrentsɪ]
Frankfurt	Франкфурт	[frankfurt]
Genebra	Женева	[ʒenev]
Haia	Гаага	[ga'ag]
Hamburgo	Гамбург	[gamburg]
Hanói	Ханой	[hanɔj]
Havana	Гавана	[gavan]
Helsinque	Хельсинки	[heljsɪnkɪ]
Hiroshima	Хиросима	[hɪrɔsɪm]
Hong Kong	Гонконг	[gɔnkɔng]
Istambul	Стамбул	[stambul]
Jerusalém	Иерусалим	[ɪerusalɪm]
Kiev, Quieve	Киев	[kɪev]
Kuala Lumpur	Куала-Лумпур	[kual lumpur]
Lion	Лион	[lɪɔn]
Lisboa	Лиссабон	[lɪssabɔn]
Londres	Лондон	[lɔndɔn]
Los Angeles	Лос-Анджелес	[lɔs andʒeles]
Madrid	Мадрид	[madrɪd]
Marselha	Марсель	[marselj]
Miami	Майями	[majamɪ]
Montreal	Монреаль	[mɔnrealj]
Moscou	Москва	[mɔskv]
Mumbai	Бомбей	[bɔmbej]
Munique	Мюнхен	[munhen]
Nairóbi	Найроби	[najrɔbɪ]
Nápoles	Неаполь	[neapolj]
Nice	Ницца	[nɪts]
Nova York	Нью-Йорк	[nju jork]
Oslo	Осло	[ɔslɔ]
Ottawa	Оттава	[ɔttav]
Paris	Париж	[parɪʒ]
Pequim	Пекин	[pekɪn]
Praga	Прага	[prag]
Rio de Janeiro	Рио-де-Жанейро	[rɪɔ de ʒanejrɔ]
Roma	Рим	[rɪm]
São Petersburgo	Санкт-Петербург	[sankt peterburg]
Seul	Сеул	[seul]
Singapura	Сингапур	[sɪngapur]
Sydney	Сидней	[sɪdnej]
Taipé	Тайпей	[tajpej]
Tóquio	Токио	[tɔkɪɔ]
Toronto	Торонто	[tɔrɔntɔ]
Varsóvia	Варшава	[varʃav]

Veneza	**Венеция**	[wenetsɪ]
Viena	**Вена**	[wen]
Washington	**Вашингтон**	[vaʃɪŋgtɔn]
Xangai	**Шанхай**	[ʃanhaj]

www.ingramcontent.com/pod-product-compliance
Lightning Source LLC
LaVergne TN
LVHW051742080426

835511LV00018B/3197